TARIF DES DROITS DU SCEAU,

Arresté au Conseil en execution de l'Edit du mois de Mars 1704.

L'EDIT du mois de Mars 1704.

LES Declarations des 6. *Avril &* 18. *May* 1704.

L'EDIT du mois de Decembre 1697.

L'EDIT du mois de May 1691. *& la Declaration du* 30. *Juin de la même année.*

LA Liste des Archeveschez, Eveschez, & Presidiaux du Royaume.

A PARIS.
De l'Imprimerie de la Veuve LAURENT RONDET, Imprimeur ordinaire de la Compagnie de Messieurs les Secretaires du Roy, ruë S. Jacques à la Longue-Allée, vis-à vis la ruë de la Parcheminerie.

M. DCC. IV.

AVEC PRIVILEGE DU ROY.

PRIVILEGE DU ROY.

LOUIS par la grace de Dieu, Roy de France & de Navarre : A nos amez & feaux Conseillers, les Gens tenans nos Cours de Parlement, Maistres des Requestes Ordinaires de nostre Hostel, Grand Conseil, Prevost de Paris, Baillifs, Sénéchaux, leurs Lieutenans Civils, & autres nos Justiciers qu'il appartiendra, SALUT. Les Officiers de nostre Grande Chancellerie, & nos amez & feaux Conseillers Secretaires, Maison, Couronne de France & de nos Finances, nous ont fait remontrer, que pour donner au public une entiere connoissance des Droits du Sceau, & empêcher par ce moyen que des particuliers sans caractere, n'exigent au préjudice de l'honneur de nosdits Conseillers Secretaires, autres & plus grands Droits que ceux portez par le Tarif arresté en nostre Conseil le quinze Avril dernier : Ils desireroient faire imprimer ledit Tarif, ensemble quelques Edits & Declarations concernant iceluy, avec la Liste des Archevêchez, Evêchez & Presidiaux de nôtre Royaume, pour plus grande intelligence des Taxes, s'il nous plaisoit leur en accorder la permission & nos Lettres sur ce necessaires. Et voulant contribuer à procurer au public un avantage aussi considerable que celuy qui peut luy revenir de la connoissance desdits Droits ; Nous avons permis & accordé, permettons & accordons par ces Presentes à nosdits Conseillers Secretaires & Officiers de nostre Grande Chancellerie, de faire imprimer par tel Imprimeur qu'ils voudront choisir, *Le Tarif des Droits du Sceau arresté au Conseil en execution de l'Edit du mois de Mars mil sept cent quatre, les Edits & les Declarations concernant ledit Tarif, & la Liste des Archevêchez, Evêchez & Presidiaux de nôtre Royaume*; en telle forme, marge, caractere & autant de fois que bon leur semblera, & de les faire vendre & debiter dans tous les lieux de nostre obéïssance, pendant le temps de dix années consecutives, à compter du jour de la date desdites Presentes. Faisons défenses à tous Imprimeurs, Libraires & autres, de contrefaire l'Impression dudit Tarif des Droits du Sceau & d'en introduire, vendre & debiter dans nostre Royaume d'autre Impression, que de celle qui aura esté faite par l'ordre desdits Sieurs Exposans, en vertu des Presentes ; A peine de confiscation des Exemplaires contrefaits, de mil livres d'amende contre chacun des contrevenans, dont un tiers à Nous, un tiers à l'Hostel-Dieu de Paris, l'autre tiers ausdits Sieurs Exposans, & de tous dépens, dommages & interests. A la charge que ces presentes seront enregistrées tout au long sur les Registres de la Communauté des Imprimeurs & Libraires de Paris, & ce dans trois mois de la date d'icelles : Que l'impression desdits Tarif, Edits & Declarations y jointes, sera faite dans nostre Royaume & non ailleurs, & ce en bon papier & en beaux caracteres, conformement aux Reglemens de la Librairie: Et qu'avant que de les exposer en vente, il en sera mis deux exemplaires dans nostre Bibliotheque, un dans celle de nostre Chasteau du Louvre, & un dans celle de nostre tres-cher & feal Chevalier Chancelier de France le Sieur Phelypeaux Comte de Pontchartrain, Commandeur de nos Ordres: le tout à peine de nullité des Presentes. Du contenu desquelles, vous mandons & enjoignons de faire joüir lesdits Sieurs Exposans ou leurs ayans cause pleinement & paisiblement, sans souffrir qu'il leur soit fait aucun trouble ou empêchement. Voulons que la copie desdites Presentes, qui sera imprimée au commencement ou à la fin desdits Tarifs, Edits & Declarations y jointes, soit tenuë pour dûëment signifiée; & qu'aux Copies collationnées par l'un de nos amez & feaux, Conseillers Secretaires, foy soit ajoûtée comme à l'Original. Commandons au premier nostre Huissier ou Sergent de faire pour l'execution d'icelles tous Actes requis & necessaires, sans autre permission, & nonobstant Clameur de Haro, Chartre Normande & Lettres à ce contraires. CAR tel est nostre plaisir. DONNE' à Versailles le huitiéme jour de Juin, l'an de Grace mil sept cent quatre, & de nostre Regne le soixante-deuxiéme. Par le Roy en son Conseil, Signé LE COMTE.

Registré sur le Livre de la Communauté des Libraires & Imprimeurs de Paris, conformement aux Reglemens, & notamment à l'Arrest du Conseil du 13. Aoust 1703. A Paris ce 9. Juin 1704. Signé P. EMERY, Sindic.

TARIF

DES DROITS DU SCEAU, TANT DE 1672. 1674. 1691. que de l'augmentation de 1704. que le Roy, de l'avis de Monsieur le Chancelier, veut estre levez à l'avenir sur les Lettres & Expeditions qui seront scellées en la Grande Chancellerie, y compris les Droits de Signature, qui seront taxez par une seule & même taxe, à commencer du premier Avril 1704. en execution de l'Edit du mois de Mars de la même année; ensemble les Droits de l'honoraire établis par l'Edit de 1697. avec l'augmentation de 1704; les classes dans lesquelles chaques Lettres doivent estre placées, & les moderations desdits Droits sur quelques Lettres dont le Roy a approuvé la proposition faite par les Officiers de la Grande Chancellerie, & les Conseillers Secretaires de sa Majesté.

TITRE DES LETTRES.	*Anciens Droits de 1672. 1674. & 1691. avec le Droit de Signature*	*Augmentation reglée & accordée en 1704.*	*Total des anciens & nouveaux Droits, y compris le Droit de Signature*	*Droits de l'Honoraire, dont le plus haut à l'avenir ne pourra monter à plus de 200 l. à quelque somme qu'ils dûssent monter, sur quelque Lettre que ce soit.*
A				
ACQUITS PATENTS, Dons & pensions en deniers, depuis trois cent jusqu'à quinze cent livres, seront taxez;				
Pour chaque Impetrant.	33 l. 15 f.	Nihil..	36 l. 5 f.	Nihil.,
Signature.	2 l. 10 f.			

TITRE des Lettres.	*Anciens droits, &c. avec la Signature.*	*Augmẽtation accordée en* 1704.	*Total des Droits & de la Signature.*	*Droits de l'Honoraire, &c.*
Ceux de quinze cent livres juſqu'à deux mil livres. . . *Signature*.	38 l. 15 ſ. 2 l. 10 ſ.	Nihil. . .	41 l. 5 ſ.	
De deux mil livres juſqu'à trois mil livres. . . . . *Signature*.	43 l. 15 ſ. 2 l. 10 ſ.	Nihil. . .	46 l. 5 ſ.	Nihil.
De trois mil livres & au-deſſus. . . . . *Signature*.	52 l. 10 ſ. 2 l. 10 ſ.	Nihil. . .	55 l.	
AFFRANCHISSEMENS à temps ou à vie. Pour un Impetrant. . . . *Signature*.	40 l. 7 l. 10 ſ.	Nihil. . .	47 l. 10 ſ.	20 l.
Augmentent pour chaque Impetrant de treize livres quinze ſols pour le Sceau, & de ſix livres dix-huit ſols pour l'Honoraire.				
AMORTISSEMENT & Affranchiſſement à perpetuité. Pour un Impetrant. . . . . *Signature*.	103 l. 15 ſ. 7 l. 10 ſ.	Nihil. . .	111 l. 5 ſ.	51 l. 18 ſ.
Augmente pour chaque Impetrant de quatre-vingt-ſept livres dix ſols de Sceau, & de quarante-trois livres quinze ſols pour l'Honoraire.				
AMPLIATION de pouvoir d'exploiter. . . . . *Signature*.	13 l. 15 ſ. 2 l. 10 ſ.	Nihil. . .	16 l. 5 ſ.	6 l. 18 ſ.
ANNOBLISSEMENT. Pour un Impetrant. . . . *Signature*.	175 l. 12 l. 10 ſ.	Nihil. . .	187 l. 10 ſ.	87 l. 10 ſ.
Augmente pour chaque Impetrant de cent quarante-une livres cinq ſols pour le Sceau, & de ſoixante-dix li-				

TITRE des Lettres.	*Anciens droits, &c. avec la Signature.*	*Augmentation accordée en 1704.*	*Total des Droits & de la Signature.*	*Droits de l'Honoraire, &c.*
vres treize sols pour l'Honoraire.				
ATTACHES sur Bulles, contenant collation de Benefices, seront taxées comme Prebendes & autres Benefices à soixante-dix livres.				
ATTACHES ou congé d'executer Bulles sans Benefice, pour originaire.				
Pour un Impetrant. . . .	40 l.	2 l. 10 s.	45 l. 10 s.	21 l. 5 s.
Signature.	2 l. 10 s.	10 s.		
ATTACHE pour Etranger.				
Pour un Impetrant.	101 l. 5 s.	Nihil. . .	103 l. 15 s.	50 l. 13 s.
Signature.	2 l. 10 s.			
ARCHERS sans pouvoir d'exploiter.	4 l.	2 l. 10 s.	8 l.	4 l. 7 s.
Signature.	1 l.	10 s.		
ARCHERS qui ont pouvoir d'exploiter, se taxeront comme les Offices de Sergens de quarante-une livres.				
ASSIETTES dont la taxe est tres-forte à cause des Droits établis par differens Edits & Arrests, que Nous avons confirmez par les Tarifs de 1672. & 1674. seront moderées & taxées à l'avenir pour tous Droits, à un sol pour livre de la somme qui doit estre imposée.				
B.				
BAUX de nos Fermes & autres dont nous avons jusqu'à				

TITRE des Lettres.	Anciens droits, &c. avec la Signature.	Augmentation accordée en 1704.	Total des Droits & de la Signature.	Droits de l'Honoraire, &c.
preſent laiſſé ſubſiſter les taxes, ſuivant les Edits & Arreſts, ſeront auſſi moderez & taxez ; ſçavoir,				
Ceux de cinquante mil livres & au-deſſous.	100 l.			
Depuis cinquante mil livres juſqu'à cent mil livres. . . .	200 l.			
Et pour ceux au-deſſus de cent mil livres à quelque ſomme qu'ils puiſſent monter, ſera ajoûté une livre par mil livres, ſans neanmoins que leſdits Droits puiſſent exceder mil livres par million.				
BENEFICE d'âge.				
Pour chaque Impetrant. . .	37 l. 10 ſ.	Nihil. . .	40 l.	18 l. 15 ſ.
Signature.	2 l. 10 ſ.			
BENEFICE d'Inventaire.				
Pour chaque Impetrant. . .	22 l. 10 ſ.	Nihil. . .	25 l.	11 l. 5 ſ.
Signature.	2 l. 10 ſ.			
BARONNIE.				
Pour chaque Impetrant. . .	356 l. 5 ſ.	Nihil. . .	368 l. 15 ſ.	178 l. 3 ſ.
Signature.	12 l. 10 ſ.			

C.

TITRE des Lettres.	Anciens droits, &c. avec la Signature.	Augmentation accordée en 1704.	Total des Droits & de la Signature.	Droits de l'Honoraire, &c.
COMMITTIMUS.				
Pour chaque Impetrant. .	8 l. 15 ſ.	3 l. 5 ſ.	13 l. 10 ſ.	6. l.
Signature.	1 l. 5 ſ.	5 ſ.		
CONGE' de tenir Benefice.				
Pour chaque Impetrant. . .	107 l. 10 ſ.	Nihil. . .	120 l.	53 l. 15 ſ.
Signature.	12 l. 10 ſ.			
CHARTRE par Arreſt.				
Pour un Impetrant.	50. l.	Nihil. . .	50 l.	Nihil.
Signature.	Nihil.			

AUG-

TITRE des Lettres.	Anciens droits, &c. avec la Signature.	Augmentation accordée en 1704	Total des Droits & de la Signature.	Droits de l'Honoraire, &c.
AUGMENTE pour chaque Impetrant de trente-trois livres quinze ſols.				
CHARTRE ordinaire.				
Pour un Impetrant. . . .	53 l. 15 ſ.	Nihil. . .	61 l. 5 ſ.	26 l. 18 ſ.
Signature.	7 l. 10 ſ.			
AUGMENTE pour chaque Impetrant de trente-ſept livres dix-ſols pour le Sceau, & de dix-huit livres quinze ſols pour l'Honoraire.				
CHARTRE en jaune.				
Pour chaque Impetrant. . .	42 l. 10 ſ.	Nihil. . .	50 l.	21 l. 5 ſ.
Signature.	7 l. 10 ſ.			
COMMUTATION de peine.				
Pour chaque Impetrant. .	42 l. 10 ſ.	Nihil. . .	50. l.	28 l. 7 ſ.
Signature.	7 l. 10 ſ.			
CONCESSION ou confirmation de Privileges.				
Pour un Impetrant. . . .	62 l. 10 ſ.	Nihil. . .	70 l.	31 l. 5 ſ.
Signature.	7 l. 10 ſ.			
Celles à pluſieurs Impetrans, outre ladite ſomme, augmentent pour chaque Impetrant de trente-ſept livres dix ſols de Sceau, & de dix-huit livres quinze ſols pour l'Honoraire.				
COMMISSIONS pour exercer Offices.				
Pour chaque Office.	17 l. 10 ſ.	5 l.	27 l.	15 l.
Signature.	3 l. 15 ſ.	. . . 15 ſ.		
COMMISSIONS pour exercer les Greffes des Cours Superieures.				
Pour chaque Greffe. . . .	18 l. 15 ſ.	6 l.	29 l. 5 ſ.	16 l. 10 ſ.
Signature.	3 l. 15 ſ.	. . . 15 ſ.		

TITRE des Lettres.	*Anciens droits, &c. avec la Signature.*	*Augmentation accordée en 1704.*	*Total des Droits & de la Signature.*	*Droits de l'Honoraire, &c.*
COMMISSIONS pour exercer les Greffes des Presidiaux, Bailliages & Senéchaussées.				
Pour chaque Greffe. . . .	13 l. 15 s.	5 l.	23 l. 5 s.	12 l. 10 s.
Signature.	3 l. 15 s.	. . . . 15 s.		
COMMISSIONS pour les Sieges inferieurs.				
Pour chaque Greffe. . . .	11 l. 5 s.	3 l. 15 s.	19 l. 10 s.	10 l.
Signature.	3 l. 15 s.	. . . . 15 s.		
COMMISSION en guerre pour vaisseau.	43 l. 15 s.	Nihil.	47 l. 10 s.	Nihil.
Signature.	3 l. 15 s.			
CHASTELLENIE.				
Pour chaque Impetrant. . .	257 l. 10 s.	Nihil. . .	270 l.	128 l. 15 s.
Signature.	12 l. 10 s.			
CHEVALERIE.				
Pour chaque Impetrant. . .	78 l. 15 s.	Nihil. . .	91 l. 5 s.	39 l. 8 s.
Signature.	12 l. 10 s.			
CONTRESCEAUX des Arrests des Cours Superieures & Jugemens Presidiaux, trois sols neuf deniers par Rolle.	. . . . 3 s. 9 d.	. . . . 3 d.	. . . . 4 s.	

D.

DOUBLES ordinaires qui sont les Commissions sur Arrests du Conseil, Arrests du Grand Conseil; Commissions ou Pareatis sur ceux des Cours Superieures & Jugemens Presidiaux, diffinitifs, ou par provision, sur Sentence des Consuls portant condamna-				

TITRE des Lettres.	Anciens droits, &c. avec la Signature.	Augmentation accordée en 1704.	Total des Droits & de la Signature.	Droits de l'Honoraire, &c.
tion par corps.				
Pour chaque Impetrant. . .	11 l. 5 ſ.	. . . 15 ſ.	15 l.	6 l.
Signature.	2 l. 10 ſ.	. . . 10 ſ.		
DOUBLES extraordinaires, qui ſont Lettres ou Arreſts de Reviſions de Procés, Attributions de Juriſdictions, Refuſions de dépens, Reſciſions ou Reſtitutions, Continuatur, Levées de défenſes, de laps de temps.				
Pour chaque Impetrant. .	13 l. 15 ſ.	1 l. 5 ſ.	18 l.	7 l. 10 ſ.
Signature.	2 l. 10 ſ.	10 ſ.		
DOUBLES pour Etrangers.				
Pour chaque Impetrant. . .	31 l. 5 ſ.	Nihil. . .	33 l. 15 ſ.	15 l. 13 ſ.
Signature.	2 l. 10 ſ.			
DON de Domaine à perpetuité.				
Pour chaque Impetrant. . .	133 l. 15 ſ.	Nihil. . .	141 l. 5 ſ.	66 l. 18 ſ.
Signature.	7 l. 10 ſ.			
DON de Domaine à temps pour trois années.	47 l. 10 ſ.	Nihil. . .	55 l.	23 l. 15 ſ.
Signature.	7 l. 10 ſ.			
Au-deſſus de trois années outre ladite ſomme, ſera payé quinze livres pour le Sceau, & ſept livres dix ſols pour l'Honoraire.				
DONS de Domaine à vie, ſeront reduits à dix années.				
DONS d'Aubaine, Desherence, Bâtardiſe & Confiſcation.				
Pour chaque Impetrant. . .	72 l. 10 ſ.	Nihil. . .	80 l.	Nihil.
Signature.	7 l. 10 ſ.			
DONS de lods, fruits, rachapts, retraits & autres				

TITRE des Lettres.	*Anciens droits, &c. avec la Signature.*	*Augmentation accordée en 1704.*	*Total des Droits & de la Signature.*	*Droits de l'Honoraire, &c.*
droits Seigneuriaux.				
Pour chaque Impetrant. . .	25 l. . . .	5 l.	39 l.	Nihil.
Signature	7 l. 10 s.	1 l. 10 s.		
DISPENSES pour Officiers, soit d'âge, de parentez, de service, d'étude, de frequentation de Barreau, décharge de donner caution, Lettres de continuation de service & de compatibilité.				
Pour chaque Dispense.	25 l. . . .	10 l.	44 l.	17 l. 10 s.
Signature.	7 l. 10 s.	1 l. 10 s.		
DISPENSES ou validations de mariage.				
Pour chaque Impetrant. . .	96 l. 5 s.	Nihil. . .	103 l. 15 s.	48 l. 3 s.
Signature.	7 l. 10 s.			
DECLARATION de naturalité se taxe comme Chartre en jaune de cinquante livres.				
DUCHEZ, Pairies, Marquisats, Comtez & Vicomtez.	550 l.	Nihil. . .	562 l. 10 s.	200 l.
Signature.	12 l. 10 s.			
DECRETS payeront comme Ratifications, pour chaque Impetrant, cinquante-cinq livres dix sols, sans signature ni Honoraire.				
DUPLICATA de toutes les Lettres qui auront esté taxées, seront moderez à la moitié des Droits.				
E.				
EDIT ou Declaration, soit de Creation, Supression,				

Union

TITRE des Lettres.	*Anciens droits, &c. avec la Signature.*	*Augmentation accordée en 1704.*	*Total des Droits & de la Signature.*	*Droits de l'Honoraire, &c.*
Union d'Offices, Arrests de prise de possession des Traitez qui ne produisent aucunes provisions d'Offices au Sceau, Supression du titre d'un Benefice à la nomination du Roy, & réunion à un autre, se taxent à quatre Impetrans. .	238 l. 15 s.	Nihil. . .	251 l. 5 s.	119 l. 8 s.
Signature.	12 l. 10 s.			
Et augmentent pour chaque Impetrant de cinquante-neuf livres treize sols neuf deniers pour le Sceau, & de vingt-neuf livres dix-sept sols pour l'Honoraire.				
ARRESTS de prise de possession de Traitez qui produisent des Provisions d'Office au Sceau, & qui se taxoient comme Edits, conformément aux precedens Tarifs, seront moderez à huit doubles de quatre-vingt-seize livres.				
ERECTION de Fief.				
Pour chaque Fief.	75 l.	Nihil. . .	87 l. 10 s.	37 l. 10 s.
Signature.	12 l. 10 s.			
ESTER à droit se taxe comme le pardon cy-aprés, trente-neuf livres.				
ETABLISSEMENS de Foires & Marchez, se taxent quatre Chartres ordinaires. .	166 l. 5 s.	Nihil. . .	178 l. 15 s.	83 l. 3 s.
Signature.	12 l. 10 s.			
Et augmentent pour chaque Impetrant de trente-sept livres dix sols de Sceau, & de dix-huit livres quinze sols				

TITRE des Lettres.	*Anciens Droits, &c. avec la Signature.*	*Augmentation accordée en 1704.*	*Total des Droits & de la Signature.*	*Droits de l'Honoraire, &c.*
pour l'Honoraire.				
EVOCATIONS.				
Pour chaque Impetrant. . .	16 l. 5 f.	Nihil. . .	18 l. 15 f.	8 l. 3 f.
Signature.	2 l. 10 f.			
EXEMPTS fans pouvoir d'exploiter.	8 l. 15 f.	3 l. 15 f.	14 l. . . .	8 l. 7 f.
Signature.	1 l. 5 f.	. . . 5 f.		
EXEMPTS avec pouvoir d'exploiter, fe taxeront comme Offices de cinquante livres dix fols.	. . . .	. . . .	. . . .	28 l. 13 f.

F.

TITRE des Lettres.	*Anciens Droits, &c. avec la Signature.*	*Augmentation accordée en 1704.*	*Total des Droits & de la Signature.*	*Droits de l'Honoraire, &c.*
FOY & hommage.				
Pour chaque Impetrant. . .	32 l. 10 f.	Nihil. . .	40 l. . . .	16 l. 5 f.
Signature.	7 l. 10 f.			

G.

TITRE des Lettres.	*Anciens Droits, &c. avec la Signature.*	*Augmentation accordée en 1704.*	*Total des Droits & de la Signature.*	*Droits de l'Honoraire, &c.*
GARDE Gardienne a perpetuité, ou confirmation du droit de Committimus.				
Pour un Impetrant.	75 l.	Nihil. . .	82 l. 10 f.	37 l. 10 f.
Signature.	7 l. 10 f.			
Et augmente pour chaque Impetrant de cinquante deux livres dix fols de Sceau, & de vingt-fix livres cinq fols pour l'Honoraire.				
GARDE Gardienne pour un an ; Gardenoble & Mainlevée d'icelle.				
Pour chaque Impetrant. . .	43 l. 15 f.	Nihil. . .	51 l. 5 f.	21 l. 18 f.
Signature.	7 l. 10 f.			

TITRE des Lettres.	Anciens Droits, &c. avec la Signature.	Augmentation accordée en 1704.	Total des Droits & de la Signature.	Droits de l'Honoraire, &c.
I.				
INDULT se taxe comme Prebende cy-aprés, de soixante-dix livres; avec cette difference qu'il porte Droit d'Honoraire.	. . . .	. . . .	. . . .	27 l. 10 s.
INTERMEDIAT.				
Pour chaque Impetrant. . .	22 l. 10 s.	Nihil. . .	25 l. . . .	11 l. 5 s.
Signature.	2 l. 10 s.			
JUSSION.				
Pour chaque Impetrant. . .	11 l. 5 s.	Nihil. . .	13 l. 15 s.	5 l. 13 s.
Signature.	2 l. 10 s.			
L.				
LEGITIMATION.				
Pour un Impetrant. . . .	92 l. 10 s.	Nihil. . .	100 l. . . .	46 l. 5 s.
Signature.	7 l. 10 l.			
Et augmente pour chaque Impetrant de soixante-sept livres dix sols de Sceau, & de trente-trois livres quinze sols pour l'Honoraire.				
LETTRES d'honneur. . .	25 l. . .	7 l.	35 l. . . .	21 l. 7 s.
Signature.	2 l. 10 s.	. . . 10 s.		
LETTRES de permission à temps pour dix ans. . . .	102 l. 10 s.	Nihil. . .	110 l. . . .	51 l. 5 s.
Signature.	7 l. 10 s.			
Pour chaque année au-dessus, augmente de quinze livres de Sceau, & de sept livres dix sols pour l'Honoraire.				
LETTRES d'Estat payeront comme Doubles Ordinaires				

TITRE des Lettres.	Anciens Droits, &c. avec la Signature.	Augmentation accordée en 1704.	Total des Droits & de la Signature.	Droits de l'Honoraire, &c.
de quinze livres.	. . . .	. . . . .	. . . . .	Nihil.
M.				
MAINLEVE'E de Gardenoble, se taxe comme la Gardenoble cy-devant, de cinquante-une livres cinq sols. .	. . . . .	. . . . .	. . . . . .	21 l. 18 s.
MALADERIES doivent.	30 l.	Nihil. . .	32 l. 10 s.	Nihil.
Signature.	2 l. 10 s.			
MESTIER ou Lettres de Maistrise.	8 l. 15 s.	3 l. 15 s.	14 l. . . .	6 l. 5 s.
Signature.	1 l. 5 s.	. . . 5 s.		
N.				
NATURALITE'.				
Pour chaque Impetrant. . .	98 l. 15 s.	Nihil. . .	106 l. 5 s.	49 l. 8 s.
Signature.	7 l. 10 s.			
O.				
OCTROY.				
Pour un Impetrant de quatre ans.	87 l. 10 s.	Nihil. . .	95 l. . . .	43 l. 15 s.
Signature.	7 l. 10 s.			
Et augmente par année de sept livres dix sols de Sceau, & de trois livres quinze sols pour l'Honoraire.				
OCTROY pour Communauté ou ville de quatre ans. .	102 l. 10 s.	Nihil. . .	110 l. . . .	51 l. 5 s.
Signature.	7 l. 10 s.			
Et augmente pour chacun an de sept livres dix-sols de Sceau, & de trois livres quinze sols pour l'honoraire.				

OCTROY

TITRE des Lettres.	Anciens droits, &c. avec la Signature.	Augmentation accordée en 1704.	Total des Droits & de la Signature.	Droits de l'Honoraire, &c.
OCTROY pour Ville & Evêché de quatre ans. . . . . . *Signature.*	110 l. 7 l. 10 s.	Nihil. . .	117 l. 10 s.	55 l.
ET augmente par année de sept livres dix sols de Sceau, & de trois livres quinze sols pour l'Honoraire.				
OCTROY pour Paris, & Lyon de quatre ans. . . . . *Signature.*	127 l. 10 s. 7 l. 10 s.	Nihil. . .	135 l. . .	63 l. 15 s.
ET augmente par chacun an de sept livres dix sols de Sceau, & de trois livres quinze sols pour l'Honoraire.				
OECONOMAT & main levée de fruits d'Evêché. . . . . *Signature.*	30 l. . . 7 l. 10 s.	6 l. . . 1 l. 10 s.	45 l. . .	Nihil.
OFFICES de Presidens, Conseillers, Chevaliers d'honneur & Gens du Roi de toutes les Cours Superieures, Commissaires, Taxateurs de dépens, Notaires & Secretaires Audienciers, Controlleurs des Chancelleries prés lesdites Cours, & autres semblables Offices dans lesdites Cours, appellez Doubles doubles. . . . *Signature.*	53 l. 15 s. 12 l. 10 s.	12 l. 5 s. 2 l. 10 s.	81 l. . .	44 l. . .
LES OFFICES des Cours Superieures, ausquels les Chambres des Comptes, ou Cours des Aydes sont unies, payeront double droit de Sceau & d'Honoraire.				
PRESIDENS, Baillifs, Senéchaux, Alloüez, Lieutenans				

TITRE des Lettres.	Anciens droits, &c. avec la Signature.	Augmentation accordée en 1704.	Total des Droits & de la Signature.	Droits de l'Honoraire, &c.
generaux Civils & de Police, Lieutenans Criminels & Particuliers, tous Conseillers, soit de Robe ou d'Epée, & d'Honneur, Garde-Scels, Gens du Roy dans les Presidiaux & principaux Bailliages, dont les Officiers sont reçûs dans nos Cours; Rapporteurs & Verificateurs de Défauts, Tiers-Referendaires, Certificateurs de Criées, Controlleurs de dépens dans lesdits Presidiaux & Bailliages, Notaires & Secretaires prés les Chancelleries Presidiales, Professeurs & Regens des Universitez, & autres semblables Offices, aussi appellez Doubles doubles.	53 l. 15 f.	9 l. 5 f.	78 l. . .	42 l.
Signature.	12 l. 10 f.	2 l. 10 f.		
OFFICES de Presidens, Baillifs, Vicomtes, Prevôts, Capitaines, Chastelains, Viguiers, Lieutenans Generaux Civils & de Police, Lieutenans Criminels & Particuliers, Conseillers & Gens du Roy de toutes les Justices Royales, Conseillers Verificateurs de défauts, Tiers-Referendaires, Controlleurs de dépens, Certificateurs des Criées desdites Justices, Avocats és Conseils, Officiers des Chasses, qui sont Juges, & les Capitaines & Lieutenans, Referendaires, &				

TITRE des Lettres.	*Anciens droits, &c. avec la Signature.*	*Augmentation accordée en 1704.*	*Total des Droits & de la Signature.*	*Droits de l'Honoraire, &c.*
Gardes-Minutes des Chancelleries, prés les Cours & Presidiaux, & autres semblables Offices, appellez Doubles....	47 l. 10 s.	7 l. 10 s.	70 l. . .	36 l. 13 s.
Signature.	12 l. 10 s.	2 l. 10 s.		
OFFICES des Bureaux des Finances, des Maréchaussées, Guet, & Connétablie, Greffiers en Chef de toutes les Compagnies Superieures, Oeconomes sequestres de chaque Diocese, Directeurs Generaux, & Provinciaux des Monnoyes, Juges, Gardes, Controlleurs, Contre-Gardes, Substituts, & Essayeurs des Monnoyes, Grands-Maîtres des Eaux & Forests, Lieutenans de Roi des Provinces sur Finance, & Gouverneurs aussi sur Finance dans les Villes où il y a Cours Superieures, ou Evêché, Intendans des Turcies & Levées, Gardes du Tresor Royal, Tresoriers des Parties Casuelles, Tresoriers Generaux de l'ordinaire & extraordinaire des Guerres; Maîtres de la Chambre aux deniers, Tresoriers & Payeurs des Maisons Royales, Menus, Argenteries, Ecuries, Bâtimens Vennerie, Treforiers Generaux de la Marine, des Galeres, des Troupes de la Garde du Roy, des Fortifications, des Ponts & Chaussées, & Tre-				

TITRE des Lettres.	Anciens droits, &c. avec la Signature.	Augmentation accordée en 1704.	Total des Droits & de la Signature.	Droits de l'Honoraire, &c.
ſoriers Generaux d'une Province, ou d'un Païs, Commiſſaires ordinaires & extraordinaires des Guerres, de Marine, & des Galeres, Receveurs Generaux des Finances, des Domaines & Bois, des Decimes, Payeurs des Rentes de l'Hôtel-de-Ville, des Gages, & Augmentations de Gages aſſignez ſur nos Fermes, Receveurs & Payeurs des Gages, & Augmentations de Gages de toutes les Cours Superieures, Receveurs des Conſignations, des Amendes, des Epices, des Vacations, & Commiſſaires aux Saiſies réelles dans leſdites Cours, Greffiers, Gardes-Sacs, & Controlleurs des dépens du Conſeil, & tous les Controlleurs des Offices ci-deſſus; tous les Offices d'artillerie, dont les Officiers prêtent le ſerment entre les mains du Grand-Maître, ou à la Chambre des Comptes, & tous les Offices de quelque qualité qu'ils ſoient, qui portent le titre de General, & autres Offices appellez Doubles doubles hereditaires.	97 l. 10 ſ.	7 l. 10 ſ.	120 l.	70 l.
Signature.	12 l. 10 ſ.	2 l. 10 ſ.		
LES OFFICES de Mytriennaux unis aux Offices, ci-deſſus, payeront la moitié des				

droits

TITRE des Lettres.	*Anciens droits, &c. avec la Signature.*	*Augmentation accordée en 1704.*	*Total des Droits & de la Signature.*	*Droits de l'Honoraire, &c.*
droits de Sceau & d'Honoraire. *OFFICES* des Eaux & Forests, des Amirautez, des Elections, des Greniers à Sel, des Traites Foraines & dépôt de Sel, les Receveurs, Payeurs & Controlleurs des Gages des Officiers ci-dessus, tous les Officiers d'Artillerie, qui prêtent serment entre les mains des Officiers principaux, Banquiers expeditionnaires en Cour de Rome, Receveurs des Consignations, des Amendes, des Epices, des Vacations, & Commissaires aux Saisies réelles des Presidiaux & principaux Bailliages, Commis de tous les Offices compris dans l'article cy-dessus des Doubles doubles Hereditaires, & des Payeurs des Rentes, les Greffiers plumitifs & autres des Cours Superieures; ensemble les Greffiers en Chef plumitifs, & autres des Presidiaux & principaux Bailliages, & les Greffiers commis à la peau desdites Cours & Jurisdictions, Greffiers de Police, des Insinuations dans les Presidiaux, & principaux Bailliages, Greffiers des Domaines, des Gens de main-morte, Commissaires au Châtelet de Paris, Lyon & Dijon, Commissaires En-				

TITRE des Lettres.	Anciens Droits, &c. avec la Signature.	Augmentation accordée en 1704.	Total des Droits & de la Signature.	Droits de l'Honoraire, &c.
questeurs & Examinateurs dans les Presidiaux, Bailliages & Jurisdictions Royales, les Notaires qui ont la qualité de Conseillers, ou celle de Greffiers des Arbitrages dans les Villes où il y a Cour Superieure, les Procureurs Tiers-Refendaires desdites Cours, Receveurs des Tailles, des Fouages & Devoirs, des Greniers à Sel, des Fermes du Barrage, de l'Annuel, les Receveurs du Tabac dans les Villes où il y a Cour Superieure, Presidiaux & principaux Bailliages, Maître des Ports, Ponts, Passages, des Sorties & Entrées, les Controlleurs des Offices ci-dessus, & autres ci-devant appellez Doubles hereditaires.	91 l. 5 s.	3 l. 15 s.	110 l. . .	63 l. 7 s.
Signature.	12 l. 10 s.	2 l. 10 s.		
LES OFFICES de Mytriennaux unis aux Offices ci-dessus payeront la moitié des droits de Sceau & d'Honoraire.				
OFFICES d'Huissiers Audienciers des Cours.	57 l. 10 s.	3 l. 10 s.	70 l. . .	40 l. 13 s.
Signature.	7 l. 10 s.	1 l. 10 s.		
OFFICES d'Huissiers Audienciers des Presidiaux, Bailliages & Jurisdictions Royales.	57 l. 10 s.	2 l. 10 s.	69 l. . .	40 l.
Signature.	7 l. 10 s.	1 l. 10 s.		
OFFICES de Police, de Notaires, de Procureurs des				

TITRE des Lettres.	Anciens Droits, &c. avec la Signature.	Augmentation accordée en 1704.	Total des Droits & de la Signature.	Droits de l'Honoraire, &c.
Villes où il y a Cour Superieure, Maire, Lieutenant de Maire, Asseſſeurs, Echevins, Conſeillers de Ville, Commiſſaires aux Revûës & Logemens de Gens de guerre, Receveurs & Controlleurs des Octroys & Revenus patrimoniaux, Colonels, Capitaines, Lieutenans des Bourgeois, Procureurs du Roy, leurs Subſtituts, Secretaires, Greffiers, leurs Controlleurs, Secretaires Interpretes deſdites Villes où il y a Cour Superieure, Medecins, Chirurgiens, Agens de Change, Changeurs, Commiſſaires de Police, Graveurs, Ajuſteurs, Monnoyeurs & autres Officiers ouvriers des Monnoyes, Eſſayeurs & Controlleurs des ouvrages d'or, d'argent & d'eſtain, Aſſayeurs & Perequateurs des Tailles, Syndics perpetuels, Treſoriers, Receveurs, Payeurs & Auditeurs des Comptes des Communautez, Diſtributeurs de papier & parchemin timbré, Juré expert, Sergent Priſeur Vendeur de biens, Voyer, Arpenteur, Greffier de l'Ecritoire, des Regiſtres des Batêmes, Jurez Crieurs, Gardes des Ports, Ponts & Paſſages, Sergens Generaux d'Armes, Meſureurs, Pallayeurs, Ra-				

TITRE det Lettres.	*Anciens Droits, &c. avec la Signature.*	*Augmentation accordée en 1704.*	*Total des Droits & de la Signature.*	*Droits de l'Honoraire, &c.*
ſeurs des Greniers à Sel, Receveurs des Lanternes, Sergens Commiſſaires des Tailles dans leſdites Villes où il y a Cour Superieure, Jurez Vendeurs de Poiſſon ou Marée, Vendeurs & Controlleurs de la Volaille, Mouleurs, Aydes-à-Mouleurs de Bois, Emballeurs, Aulneurs de toile, Jurez Vendeurs Controlleurs, Courtiers, Botteleurs & Relieurs de foin, Placiers, Baleyeurs de la Halle au bled & dans les autres Marchez, Bouteillers, Priſeurs de Vin, Chargeurs de Grains, Concierges & Portiers des Maiſons Royales, Concierges des Priſons, Controlleurs d'Exploits, des Bans de Mariage, du Barillage, Commiſſionnaires Facteurs de Marchandiſes. Courtiers Commiſſionnaires de Vins & autres Liqueurs, Meſureurs de Grains, Porteurs, Portiers de la Halle au bled, & autres Marchez, Roulleurs de Vin & autres Liqueurs, Langayeurs, & autres Offices de Police dans leſdites Villes où il y a Cour Superieure, appellez Simples hereditaires. . .	66 l. 5 ſ.	2 l. 15 ſ.	76 l. 10 ſ.	46 l.
Signature.	6 l. 5 ſ.	1 l. 5 ſ.		
RECEVEURS des Conſignations, des Amendes, des Epices, des Vacations, Com-				

miſſaires

TITRE des Lettres.	Anciens droits, &c. avec la Signature.	Augmentation accordée en 1704.	Total des Droits & de la Signature.	Droits de l'Honoraire, &c.
missaires aux Saisies réelles, & Greffiers de Police de toutes les Jurisdictions Royales, se taxeront comme dans l'Article ci-dessus.				
PAREILS Offices de Police, &c. des Villes où il y a Evêchez, Presidiaux, & principaux Bailliages ou Senéchaussées ressortissans nuëment aux Cours. . .	53 l. 15 f.	2 l. 5 f.	63 l. 10 f.	37 l. 7 f.
Signature.	6 l. 5 f.	1 l. 5 f.		
A l'exception des Offices de Receveurs des Consignations, des Amendes, des Epices, des Vacations, Commissaires aux Saisies réelles, & Greffiers de Police de toutes les Jurisdictions Royales, qui payeront toûjours les droits specifiez dans l'Article ci-dessus, de soixainte-seize livres dix sols de Sceau, & quarante-six livres d'Honoraire.				
CEUX de Police, &c. des autres Villes où il y a Justice Royale ordinaire, ou extraordinaire.	41 l. 5 f.	1 l. 15 f.	50 l. 10 f.	28 l. 13 f.
Signature.	6 l. 5 f.	1 l. 5 f.		
ET pareils Offices de Police, &c. de tous les autres Lieux du Royaume ; ensemble les Sergens, Gardes-Chasses, & Archers qui ont la faculté d'exploiter, & autres petits Offices simples.	35 l. . .	1 l. 10 f.	41 l. . .	24 l. 7 f.
Signature.	3 l. 15 f.	. . . . 15 f.		
A l'exception des Offices de				

TITRE des Lettres.	Anciens droits, &c. avec la Signature.	Augmentation accordée en 1704.	Total des Droits & de la Signature.	Droits de l'Honoraire, &c.
Maires, Lieutenans de Maire, Asseseurs,&NotairesGreffiers des Arbitrages esdits Lieux, qui se taxeront cinquante livres dix sols de Sceau,& vingt-huit livres treize sols d'Honoraire.				
P.				
PARDONS, Ester à droit, Reliefs de Contumace.				
Pour chaque Impetrant. . .	22 l. 10 s.	7 l. 10 l.	39 l. . . .	20 l.
Signature.	7 l. 10 s.	1 l. 10 s.		
PERMISSIONS d'imprimer, pour chaque Livre & chaque Impetrant.	17 l. 10 s.	1 l. 10 s.	22 l. . .	9 l. 10 s.
Signature.	2 l. 10 s.	. . . 10 s.		
Pour la permission locale. . .	6 l. . . .	Nihil. . .	. . . . .	3 l.
Et pour la permission simple.	3 l. . .	Nihil. . .	. . . . .	1 l. 10 s.
PREBENDES & autres Benefices, & pensions sur iceux.				
Pour chaque Benefice.	48 l. 15 s.	6 l. 5 s.	70 l. . .	Nihil.
Signature.	12 l. 10 s.	2 l. 10 s.		
R.				
RAPPEL de Ban & de Galeres à temps, pour chaque Impetrant.	23 l. 15 s.	3 l. 5 s.	36 l. . .	18 l.
Signature.	7 l. 10 s.	1 l. 10 s.		
RAPPEL de Ban & de Galeres à perpetuité.				
Pour un Impetrant. . . .	53 l. 15 s.	Nihil. . .	61 l. 5 s.	35 l. 18 s.
Signature.	7 l. 10 s.			
ET augmente pour chaque Impetrant de trente-sept livres				

TITRE des Lettres.	*Anciens droits, &c. avec la Signature.*	*Augmentation accordée en 1704.*	*Total des Droits & de la Signature.*	*Droits de l'Honoraire, &c.*
dix sols de Sceau, & de dix-huit livres quinze sols d'Honoraire.				
REHABILITATION & Relief de Contumace, se taxe comme pardon, de trente-neuf livres.	. . . .	. . . .	. . . .	20 l.
RE'PYS par Lettres.				
Pour chaque Impetrant. . .	16 l. 5 s.	2 l. 15 s.	22 l. . .	9 l. 10 s.
Signature.	2 l. 10 s.	. . . 10 s.		
RE'PYS par Arrests.				
Pour chaque Impetrant. . .	16 l. 5 s.	5 l. 15 s.	22 l. . . .	Nihil.
Signature.	Nihil. . .	Nihil.		
REMISSIONS.				
Pour un Impetrant.	67 l. 10 s.	2 l. 10 s.	79 l. . .	46 l. 13 s.
Signature.	7 l. 10 s.	1 l. 10 s.		
Et augmente pour chaque Impetrant de cinquante livres de Sceau, & de trente-trois livres sept sols d'Honoraire.				
RETABLISSEMENT de souffrances, ou de parties rayées, Validation de Quittances, ou décharge d'amende.				
Pour chaque Impetrant. . .	20 l. . . .	5 l.	34 l. . . .	12 l. 10 s.
Signature.	7 l. 10 s.	1 l. 10 s.		
RELIEF d'Adresse.				
Pour chaque Impetrant. . .	5 l. . . .	3 l.	11 l. . . .	4 l.
Signature.	2 l. 10 s.	. . . 10 s.		
RATIFICATIONS de Contrats perpetuels.				
Pour un Impetrant.	70 l.	Nihil. . .	77 l. 10 s.	35 l.
Signature.	7 l. 10 s.			
Et augmentent pour chaque Impetrant de cinquante livres de Sceau, & de vingt-cinq livres d'Honoraire.				

TITRE des Lettres.	*Anciens droits, &c. avec la Signature.*	*Augmentation accordée en 1704.*	*Total des Droits & de la Signature.*	*Droits de l'Honoraire, &c.*
RATIFICATIONS de Contrats de vente de Domaine.				
Pour chaque Impetrant. . .	63 l. 15 s.	Nihil. . .	71 l. 5 s.	31 l. 18 s.
Signature.	7 l. 10 s.			
RATIFICATIONS de Contrats de Greffes pour les Cours Superieures.				
Pour chaque Impetrant. . .	56 l. 5 s.	Nihil. . .	60 l. . .	37 l. 10 s.
Signature.	3 l. 15 s.			
Ceux des Presidiaux, Bailliages & Senéchaussées.				
Pour chaque Impetrant. .	41 l. 5 s.	Nihil. . .	45 l. . . .	27 l. 10 s.
Signature.	3 l. 15 s.			
Ceux des Sieges inferieurs.				
Pour chaque Impetrant. . .	33 l. 15 s.	Nihil. . .	37 l. 10 s.	22 l. 10 s.
Signature.	3 l. 15 s.			
RATIFICATIONS de Rentes sur la Ville ou sur le Clergé, & Augmentations de gages jusques à trente livres exclusivement.				
Pour chaque Impetrant. . .	5 l. . . .	. . . . 15 s.	7 l. 5 s.	2 l. 18 s.
Signature.	1 l. 5 s.	. . . . 5 s.		
De trente livres jusques à soixante livres exclusivement.				
Pour chaque Impetrant. . .	10 l. . . .	. . . 15 s.	12 l. 5 s.	5 l. 8 s.
Signature.	1 l. 5 s.	. . . 5 s.		
De soixante livres jusques à quatre-vingt-dix livres exclusivement.				
Pour chaque Impetrant. . .	15 l. . .	. . . 15 s.	17 l. 5 s.	7 l. 18 s.
Signature.	1 l. 5 s.	. . . 5 s.		
De quatre-vingt-dix livres jusqu'à cent livres exclusivement.				
Pour chaque Impetrant. .	26 l. 5 s.	. . . 15 s.	31 l. 10 s.	13 l. 10 s.
Signature.	3 l. 15 s.	. . . . 15 s.		

De

TITRE des Lettres.	Anicens droits, &c. avec la Signature.	Augmentation accordée en 1704.	Total des Droits & de la Signature.	Droits de l'Honoraire, &c.
pens du Conseil & Grand Conseil, Compulsoires, Pareatis sur Lettres de Chancellerie, ou sur des Sentences ou Arrests de Cours Superieures, qui sont scellez du Sceau de leurs Chancelleries, Compulsoires.				
Pour chaque Impetrant. . . .	5 l. . .	. . 15 s.	7 l. 5 s.	2 l. 18 s.
Signature.	1 l. 5 s.	. . . 5 s.		
SIMPLES extraordinaires & de rapport, qui sont les Appels, Anticipations, Assistances de Cause, Reprise d'Instance, Constitution de nouvel Avocat, Reglemens de Juges, Cassation de Procedures, les Arrests pour assigner au Conseil ou communiquer, ou qui ordonnent qu'un Procés criminel sera apporté au Conseil, les Défauts aux presentations du Conseil.				
Pour chaque Impetrant. . . .	7 l. 10 s.	Nihil. . .	10 l. . .	3 l. 15 s.
Signature.	2 l. 10 s.			
SURANNATIONS sur Offices.				
Pour chaque Impetrant. . .	13 l. 15 s.	6 l. 5 s.	23 l.	13 l. 7 s.
Signature.	2 l. 10 s.	. . 10 s.		
SURANNATIONS sur Remissions, & toutes autres Lettres.				
Pour chaque Impetrant. . . .	16 l. 5 s.	3 l. 15 s.	23 l.	13 l. 7 s.
Signature.	2 l. 10 s.	. . 10 s.		
STATUTS ou confirmation d'iceux.				
Pour chaque Impetrant. . . .	180 l.	Nihil. . .	192 l. 10 s.	90 l.
Signature.	12 l. 10 s.			

TITRE des Lettres.	*Anciens Droits, &c. avec la Signature.*	*Augmentation accordée en 1704.*	*Total des Droits & de la Signature.*	*Droits de l'Honoraire, &c.*
De cent livres jusques à cinq cent livres exclusivement.				
Pour chaque Impetrant. . .	31 l. 5 s.	2 l. 5 s.	38 l.	16 l. 15 s.
Signature.	3 l. 15 s.	. . 15 s.		
De cinq cent livres jusques à mil livres exclusivement.				
Pour chaque Impetrant. . .	36 l. 5 s.	3 l. 5 s.	44 l. . .	19 l. 15 s.
Signature.	3 l. 15 s.	. . 15 s.		
De mil livres jusques à deux mil livres exclusivement.				
Pour chaque Impetrant. . . .	41 l. 5 s.	6 l. 5 s.	52 l. . .	23 l. 15 s.
Signature.	3 l. 15 s.	. . 15 s.		
De deux mil livres & au-dessus.				
Pour chaque Impetrant. . . .	41 l. 5 s.	14 l. 5 s.	60 l. . .	27 l. 15 s.
Signature.	3 l. 15 s.	. . . 15 s.		
Il sera payé autant de droits de Sceau qu'il y aura de differens particuliers, sur lesquels les hypoteques seront purgées, quoique la Vente soit faite par un même Contrat.				
REQUESTE Civile.				
Pour chaque Impetrant. . . .	22 l. 10 s.	Nihil. . .	25 l. . .	[illegible] l. 5 s.
Signature, comme Lettre de Rapport.	2 l. 10 s.			
RELIEF de Noblesse.				
Pour chaque Impetrant. . . .	53 l. 15 s.	Nihil. . .	66 l. 5 s.	26 l. 18 s.
Signature.	12 l. 10 s.			

S.

SIMPLES ordinaires sans Rapport, qui sont Commissions du Grand Conseil, ou des Requestes de l'Hôtel pour y assigner, Executoires de dé-				

TITRE des Luttres.	*Anciens Droits, &c. avec la Signature.*	*Augmentation accordée en 1704.*	*Total des Droits & de la Signature.*	*Droits de l'Honoraire, &c.*
SURVIVANCE d'Offices, paye comme l'Office pour le Sceau & l'Honoraire.				

T.

TERRIERS.				
Pour chaque Impetrant. . . .	13 l. 15 ſ.	6 l. 5 ſ.	23 l. . .	10 l.
Signature.	2 l. 10 ſ.	. . 10 ſ.		

V.

VETERAN.				
Pour chacun.	18 l. 15 ſ.	6 l. 5 ſ.	28 l. . .	Nihil.
Signature.	2 l. 10 ſ.	. . 10 ſ.		

LES OFFICES qui ſeront créez à l'avenir, ſeront taxez pour la premiere fois au tiers de la taxe reglée par le preſent Tarif, ſuivant la nature deſdits Offices, & l'Honoraire à proportion.

S'IL ſurvient quelques difficultez ſur la taxe des Lettres, il en ſera rendu compte à Monſieur le Chancelier pour les décider.

NOMBRE DES IMPETRANS.

LES Etats & Païs de Languedoc, Normandie, Guyenne, Bretagne & Flandres, se taxeront pour seize Impetrans.

LES Etats de Bourgogne, Dauphiné, & Provence, pour douze Impetrans.

UN des trois Etats d'un Païs ci-dessus, pour six.

LES Bailliages & Senéchaussées, pour huit.

L'UN des trois Etats d'un Bailliage, pour quatre.

LE Clergé d'un Diocese, pour quatre.

LES Habitans des Villes à Archevêché, ou Evêché, pour huit.

LES Habitans des Villes closes, pour six.

LES Habitans de plusieurs Villages, quelque nombre qu'il y ait, pour huit.

A moins que ce ne soit pour fait d'Aydes ou Sel, auquel cas ils seront taxez un par Village.

LES Habitans ou Sindics d'un Village, pour quatre.

LES Fermiers Generaux, pour les affaires concernant l'execution de nos Baux; Sous Fermiers & autres employez au recouvrement de nos deniers & affaires, seront comptez pour quatre.

MARY & Femme, seront comptez pour un, excepté en matiere Criminelle ou Lettres de grace.

TUTEURS & Curateurs de Parens, de Mineurs, seront comptez pour un; excepté aux Lettres de grace, Benefices d'Age & d'Inventaire, qui seront comptez pour autant d'Impetrans qu'il y aura d'enfans.

PROCUREURS, Fabriciens ou Marguilliers d'Eglise, pour un.

COMMISSAIRE au Regime & Gouvernement d'un bien saisi, pour un.

UN Impetrant, tant en son nom, que comme ayant droit par transport de plusieurs, se taxera seulement pour un.

FACTEUR & Entremetteur d'une personne, pour un.

UNE Veuve, tant en son nom, que comme Tutrice, pour deux.

ET au nom & comme Tutrice, pour un.

RELIGIEUX, Abbez reguliers, Convent, Doyen, Chanoines & Chapitre, même y joignant les Chapelains & Habituez, comptez pour un.

MAIS les Commendataires & les Religieux, l'Archevêque & le Chapitre, dont les Mances sont separées, se taxeront pour deux.

PRINCIPAL, Boursier & Chapelain d'un College, comptez pour un.

PLUSIEURS Impetrans excedans quatre, seront reduits à quatre, excepté en matiere criminelle & Lettres de grace.

OFFICIERS des Cours, Presidiaux, & Communautez, ou Compagnie de plusieurs, pour quatre.

UNIVERSITÉ, pour quatre.

PLUSIEURS Officiers Domestiques de la Maison du Roi, payeront pour quatre.

LES Archers & Officiers des Gardes, pour quatre.

LES Marchands frequentans les Rivieres, pour quatre.

NOS Procureurs, en cette qualité, *neant.*

LETTRES & Provisions d'Aumônerie, Hôpitaux, Leproserie, Bourse de College, Places de Religieux Lays, & autres Provisions par pitié ou aumône, *neant.*

FAIT & arresté au Conseil Royal des Finances, tenu à Versailles le quinzième jour d'Avril mil sept cens quatre. Collationné. Signé, DU JARDIN.

ARCHEVESCHEZ ET EVESCHEZ.

A.

ACqs,
Agde,
Agen,
Aire,
Aix, *Archevesché.*
Alby, *Archevesché.*
Aleth,
Alaix,
Ambrun, *Archevesché.*
Amiens,
Angers,
Angoulesme,
Apt,
Arles, *Archevesché.*
Arras,
Auch, *Archevesché.*
Avranches,
Autun,
Auxerre,

B.

Bayeux,
Bayonne,
Bazas,
Beauvais,
Bellay,
Besançon,
Beziers.
Bourdeaux, *Archevesché.*
Boulogne,
Bourges, *Archevesché.*
S. Brieux,
Blois,
Bethleem.

C.

Cahors,
Cambray, *Archevesché.*
Carcassonne,
Castres,
Châlons sur Marne,
Chalon sur Saone,
Chartres,
Clermont en Auvergne,
Cominges,
Condom,
Cornoüailles,
Conserans,
Coûtances,

D.

Die,
Digne,
Dol,

E.

Evreux,

F.

S. Flour,
Frejus,

G.

Gap,
Glandeve,
Grace,
Grenoble,

L.

Langres,
Laon,
La Rochelle,
Lavaur,
Leictoure,
Leon,
Lescar,
Limoges,
Lisieux,
Lodeve,
Lombez,
Luçon,
Lyon, *Archevesché.*

M.

Mâcon,
S. Malo,
Le Mans,
Marseille,
Meaux,
Mende,
Metz,
Mirepoix,
Montauban,
Montpellier,

N.

Nantes,
Narbonne, *Archevesché.*
Nevers,
Nismes,
Noyon,

O.

Oleron,
S. Omer,
Orange,
Orleans,

P.

Paris, *Archevesché.*
Pamiers,
S. Papoul,

S. Paul Trois-Châteaux,
Perigueux,
Perpignan, *Elne.*
Poitiers,
S. Pons de Tomiers,
Le Puy,

Q.

Quebec.

R.

Reims, *Archevesché.*
Rennes,
Rieux,
Riez,
Rodez,
Roüen, *Archevesché.*

S.

Sarlat,
Seez,
Senez.
Sens, *Archevesché.*
Senlis,
Sisteron,
Soissons,
Strasbourg,

T.

Tarbes,
Toul,
Toulon,
Toulouze, *Archevesché.*
Tournay,
Tours, *Archevesché.*
Treguier,
Troyes,
Tulles,

V.

Vabres,
Valence,
Vannes,
Vence,
Verdun,
Vienne, *Archevesché.*
Viviers,
Uzez,

X.

Xaintes,

Y.

Ypres.

PRESIDIAUX.

A.

Amiens,
Abbeville, } . . . . *Picardie.*

Angers, ... *Anjou.*

Alençon,
Andely, } . . *Normandie.*

Angouleſme, *Angoumois.*

Acqs,
Agen,
Auch, } . . . . . . *Guyenne.*

Auxerre,
Autun, } . . *Bourgogne.*

Aurillac, . . *Auvergne.*

B.

Bourdeaux,
Bazas, } . . . *Guyenne.*

Bourges, ... *Berry.*

Beſiers, . . . *Languedoc.*

Beauvais, . . . *Picardie.*

Beſançon, . . *Franche-Comté.*

Blois, ... *Anjou.*

Brives, ... *Limoſin.*

Bourg, ... *Breſſe.*

C.

Caën,
Coûtances,
Caudebec, } . . *Normandie.*

Clermont, . . *Auvergne.*

Cahors, ... *Quercy.*

Carcaſſonne,
Caſtelnaudary, } . *Languedoc.*

Chaumont, . . . *Baſſigny.*

Chartres, ... *Beauſſe.*

Châlons, . . . *Champagne.*

Chalon, ...
Châtillon ſur Seine, } *Bourgogne.*

Condom, ... *Guyenne.*

Château-Thierry
Creſpy, ... } *Soiſſonnois.*

Châtillon ſur Indre, . *Berry.*

Château-Gontier, . *Anjou.*

D.

Dijon, ... *Bourgogne.*

E.

Evreux, . . . *Normandie.*

G.

Gueret, . . . *La Marche.*
Gray, . . *Franche-Comté.*

L.

Langres, . . *Champagne.*
Libourne, } . . . *Guyenne.*
Leictoure, }
La Fleche, . . . *Anjou.*
Laon, ... *Soissonnois.*
Le Puy en Velley, } *Languedoc.*
Limoux, }
Lyon, ... *Lionnois.*
La Rochelle, . . *Aunix.*
Limoges, ... *Limosin.*
Le Mans, ... *Le Maine.*
Lions le Saunier, { *Franche-Comté.*

M.

Moulins, . . . *Bourbonnois.*
Montpellier, . . *Languedoc.*
Meaux, } . . . . . *Brie.*
Melun, }
Montargis. . . . *Orleanois.*
Mante, ... *Vexin.*
Montauban. { *Quercy* ou *Guyenne.*

Metz, ... *Lorraine.*
Mâcon, ... *Mâconnois.*

N.

Nantes, ... *Bretagne.*
Nismes, ... *Languedoc.*
Nerac, ... *Guyenne.*

O.

Orleans, ... *Orleanois.*

P.

Paris, . . . *Isle de France.*
Poictiers, ... *Poictou.*
Perigueux, . . . *Perigort.*
Provins, ... *Brie.*
Pamiers, ... *Foix.*

Q.

Quimper-Corentin, *Bretagne.*

R.

Rennes. . . . . *Bretagne.*

Reims, ... *Champagne.*
Roüen, ... *Normandie.*
Riom, ... *Auvergne.*
Rhodez, ... *Roüergue.*

S.

Salins, . . . *Franche-Comté.*
Senlis, ... *Picardie.*
Soiſſons, . . . *Soiſſonnois.*
Sens, ... *Brie.*
Saint-Pierre-le-Mouſtier. . *Nivernois.*
Sarlat, ... *Perigord.*
Sedan, ... *Champagne.*
Sarre-Loüis, . . *Lorraine.*
Semeur en Auxois, *Bourgogne.*

T.

Toulouſe, . . . *Languedoc.*
Tours, ... *Touraine.*
Troyes, . . . *Champagne.*
Tulles, ... *Limoſin.*
Toul, ... *Lorraine.*

V.

Vannes, ... *Bretagne.*
Valence, . . . *Dauphiné.*
Vitry le François, *Champagne.*
Villefranche, . . *Roüergue.*
Verdun, ... *Lorraine.*
Vezoul, . . *Franche-Comté.*
Valenciennes, . . *Flandres.*

X.

Xaintes, . . , *Xaintonge.*

Y.

Ypres, ... *Flandres.*

EDIT DU ROY,

PORTANT CREATION de quarante Conſeillers Secretaires de Sa Majeſté, Maiſon, Couronne de France & de ſes Finances; pour faire un ſeul College avec les trois cent Conſeillers Secretaires de Sa Majeſté de la Grande Chancellerie de France; avec les mêmes honneurs, fonctions, droits de bourſe, privileges de Nobleſſe & exemptions des trois cent Conſeillers Secretaires de Sa Majeſté.

Lû & publié le Sceau tenant, à Verſailles le 29. jour de Mars 1704.

LOUIS par la grace de Dieu Roy de France & de Navarre; A tous preſens & à venir, SALUT. Nos Conſeillers Secretaires, Maiſon, Couronne de France & de nos Finances, Nous ont donné tant de preuves de leur zele & de leur affection pour nôtre ſervice dans les differens emplois auſquels nous les avons appellez, & dans toutes les occaſions importantes où nous avons eu beſoin de ſecours extraordinaires, que non contens de leur en avoir marqué nous-même nôtre ſatisfaction, nous avons crû eſtre obligez de rejetter pluſieurs propoſitions, quoiqu'avantageuſes pour Nous dans les conjonctures de la preſente guerre, par la ſeule conſideration qu'elles auroient diminué le prix & la dignité de leurs Charges : Ces juſtes motifs nous ont porté à choiſir, comme le moyen le moins à charge à nos Conſeillers Secretaires, celuy de la creation de quarante, pour avec les trois cent reſervez par nôtre Edit du mois de Decembre 1697. faire un ſeul Corps & College de trois cent quarante nos Conſeillers Secretaires, Maiſon, Couronne de France & de nos Finances ; comme auſſi de leur accorder des indemnitez pour la perte qu'ils ſouffrent en admettant ces quarante nouveaux Officiers au partage de leurs bourſes ; deſquelles indemnitez nous donnerons la plus grande partie ſur nos Revenus, pour ſoulager le Public, & l'autre ſur le Sceau des Lettres qui ſeront jugées ſuſceptibles d'augmentation, par l'avis de nôtre tres-cher & feal Chevalier Chancelier de France : Nous croyons même devoir donner en cette occaſion à nos Conſeillers Secretaires de nouvelles marques de nôtre attention à les faire joüir de toutes leurs exemptions & privileges, pour maintenir le luſtre de leur Compagnie, dont nous ſommes le Chef & ſouverain Protecteur A CES CAUSES, & autres à ce Nous mouvans, & de nôtre certaine ſcience, pleine puiſſance & autorité Royale.

PREMIEREMENT.

Creation de 40. Conſeillers

Nous avons par le preſent Edit perpetuel & irrevocable, creé, érigé & établi, créons, érigeons & établissons en titre d'Offices formez quarante nos Conseillers Secretaires, de Nous, de la Maison & Couronne de France & de nos Finances, lesquels nous joignons & unissons aux trois cent nos Conseillers Secretaires, reservez par nôtre Edit du mois de Decembre 1697. pour composer ensemble un seul Corps & College de trois cent quarante nos Conseillers Secretaires, pour servir prés de Nous, dans nos Conseils, en nôtre Grande Chancellerie, & dans nos Cours & Compagnies Superieures, & joüir par lesdits quarante Conseillers Secretaires & leurs Successeurs ausdits Offices, des mêmes honneurs, franchises, immunitez, prerogatives, privileges de noblesse, preéminences, rangs, séances, fonctions, & exercices, entrées en nos grandes & petites Chancelleries, assistance au Sceau, droits de bourses, de survivance, de Committimus, de franc-salé, & generalement de tous les privileges, exemptions & avantages, dont joüissent nos trois cent Conseillers Secretaires en vertu de nos Edits, Declarations & Arrests, & des Rois nos Predecesseurs, encore qu'ils ne soient specialement exprimez par le present Edit.

Secretaires de Sa Majesté, Maison, Couronne de France & de ses Finances ; & union aux 300. anciens, pour composer un seul Corps & College, aux mêmes honneurs, privileges & fonctions que les 300. anciens.

II.

Ausquels quarante nouveaux Offices, & nos trois cent Conseillers Secretaires, nous avons attribué & attribuons cent soixante mil livres de gages fixes, dont ils seront actuellement payez de trois quartiers, montant à cent vingt mil livres d'actuel; sur lesquelles cent soixante mil livres nous attri-

Gages de 1800. l. effectifs, attribuez à chacun des 40 nouveaux Offices.

buons aux quarante nouveaux Offices deux mil quatre cent livres de gages fixes, dont ils seront payez de trois quartiers de dix-huit cent livres effectifs, sans aucun retranchement, pour quelques causes, & sous quelques prétextes que ce puisse estre; pour en joüir par ceux qui seront pourvûs desdits Offices, du jour du Controlle de leur Quitance de Finance, & dont les fonds seront assignez chacune année sur le Grenier à Sel de Paris, & remis aux Payeurs des gages de nos trois cent Conseillers Secretaires, par l'Adjudicataire de nos Gabelles, dans le temps & ainsi que sont remis ceux de nos Officiers des Cours Superieures, & de nosdits Conseillers Secretaires, conformément à l'Article vingt-un de nôtre Edit du mois de Decembre 1697.

III.

Partage des bourses des 300. anciens avec les 40. nouveaux.

Voulons que nosdits quarante Conseillers Secretaires joüissent des mêmes droits de bourse, que les trois cent anciens; & pour cet effet qu'ils partagent avec lesdits trois cent anciens, le total des trois cent cinquante bourses qui appartiennent à leur Compagnie par nôtre Edit du mois de Decembre 1697. portant suppression de cinquante de nos Secretaires, & dont nous avons réuni les bourses à leur Corps, lesquelles bourses continuëront d'estre faites ainsi qu'il s'est pratiqué jusqu'à present, en y ajoûtant seulement l'augmentation que nous ordonnerons ci-aprés estre mise sur certaines Lettres, à proportion des trois cent cinquante bourses qui appartiennent dans le fonds du Sceau à nosdits trois cent Conseillers Secretaires.

IV.

Voulons aussi que nosdits quarante Conseillers Secretaires joüissent des mêmes droits de bourses de signature & d'honoraire, que les Officiers de nôtre Grande Chancellerie, & nos trois cent Conseillers Secretaires, conformement à nos Edits & Arrests de Reglemens sur ce intervenus.

Droits de bourses de signature & d'honoraire attribuez aux 40. nouveaux Offices.

V.

Dispensons nosdits quarante Conseillers Secretaires de nous payer pour la premiere survivance aucune finance, de laquelle nous leur faisons don & remise par le present Edit, sans que les premiers pourvûs ni leurs successeurs ausdits Offices soient tenus de nous payer aucun droit de marc d'or, mais seulement à la Compagnie de nos Conseillers Secretaires, ainsi qu'il s'est toûjours pratiqué.

Les 40. nouveaux Officiers, dispensez des 1500. l. de survivance.

VI.

Joüiront les Veuves de nos quarante Conseillers Secretaires, tant qu'elles demeureront en viduité, des droits de Committimus, franc-salé, exemptions de droits de Greffe, lods & ventes, & tous autres droits Seigneuriaux, & generalement de tous les autres Privileges, dont joüissent les Veuves de nos Conseillers Secretaires de nôtre Grande Chancellerie.

Les Veuves des 40 nouveaux Officiers, joüiront des mêmes privileges.

VII.

Pour indemniser en partie nosdits trois cent Conseillers Secretaires, de la part que les pourvûs des qua-

Attribution de 150. l. de gages effectifs à chacun

des 300. anciens, pour faire avec les 1650. l. d'anciens gages, 1800 l. effectifs.

rante nouveaux Offices doivent prendre dans leurs trois cent cinquante bourses, Nous ordonnons que des cent soixante mil livres de gages attribuez ci-dessus, il en appartiendra à chacun de nos trois cent Conseillers Secretaires, deux cent livres de gages fixes dont ils seront payez de trois quartiers, montant à cent cinquante livres d'actuel, faisant avec les seize cent cinquante livres de gages effectifs qui leur estoient ci-devant payez, dix-huit cent livres de gages aussi effectifs, & ce sans aucun retranchement, pour quelques causes & sous quelque pretexte que ce puisse estre, dont le fonds sera assigné chacune année sur le Grenier à Sel de Paris, ainsi que celuy des anciens gages, à commencer la joüissance desdits cent cinquante livres de gages du premier Mars de la presente année; lesquels leur seront payez en la maniere accoûtumée, sans que pour raison de ladite augmentation nos trois cent Conseillers Secretaires soient tenus de rapporter aucune Quitance de Finance, dont nous les avons dispensez & dispensons, attendu la Finance que la Compagnie de nos trois cent Conseillers Secretaires nous paye pour celle desdits quarante nouveaux Offices; & sans estre pareillement tenus de nous payer aucune augmentation du droit de survivance, lequel demeurera pour toûjours fixé à la somme de quinze cent livres.

Les 300. anciens dispensez de rapporter aucune quitance de finance, pour les 150. l. de nouveaux gages.

VIII.

Joüissance des gages des 40. nouveaux Offices

Voulons qu'en consideration de ce que nos trois cent Conseillers Secretaires se chargent envers Nous de la Finance des quarante Offices de nos Conseillers Secretaires créez par le present Edit, la Compagnie de nosdits Conseillers Secretaires joüisse des gages attribuez ausdits quarante Offices du premier Mars de la presente année, jusqu'au jour du Controlle des Quitances de Finance, de ceux en faveur desquels elle disposera desdits Offices, & que lesdits gages des Offices qui ne seront pas remplis, soient reçûs sur les simples Quitances du Tresorier particulier de leur Compagnie, lesquelles passeront à la Chambre dans les comptes des Payeurs, & par tout ailleurs sans difficulté.

en faveur de la Compagnie jusqu'au jour du Controlle des Quittances de Finance.

IX.

Pour rendre les quarante nouveaux Offices égaux en tout aux trois cent anciens, dont nous avons fixé & liquidé la Finance à soixante-dix mil livres par nôtre Edit du mois de Decembre 1697. laquelle fixation en-tant que besoin est ou seroit, nous confirmons par le present Edit, nous avons pareillement fixé la Finance desdits quarante nouveaux Offices à soixante-dix mil livres, dont les Quitances seront délivrées au Tresorier particulier de la Compagnie desdits trois cent anciens Conseillers Secretaires, par le Tresorier de nos Revenus Casuels sur les Rôlles qui seront arrêtez en nôtre Conseil.

La Finance des anciennes & nouvelles Charges, fixée & liquidée à 70000. livres.

X.

Voulons que les pourvûs desdits quarante nouveaux Offices joüissent comme les anciens, des droits de bourse, sans estre obligez de donner leur

Dispense de residence.

servivi, ni a aucune residence, dont nous les avons dispensez & dispensons.

XI.

Augmentation des droits du Sceau & de la Signature.

Pour le suplément de l'indemnité qui est dûë tant à nosdits trois cent Conseillers Secretaires, qu'aux Officiers de nôtre Grande Chancellerie, à cause des fonctions & des droits de bourses de signature & d'honoraire, que nous avons attribué aux pourvûs des quarante nouveaux Offices, Nous ordonnons que de l'avis de nôtre tres-cher & feal Chevalier Chancelier, Commandeur de nos Ordres, le Sieur Phelypeaux de Pontchartrain, il sera incessamment arresté en nôtre Conseil un Tarif de toutes les taxes du Sceau, dans lequel sera comprise l'augmentation que nous voulons estre mise sur les Lettres qui pourront la supporter, tant pour le fond du Sceau que du droit de Signature, avec injonction aux Officiers de nôtre Grande Chancellerie, & à nos Conseillers Secretaires de se conformer audit Tarif, laquelle augmentation commencera au premier jour d'Avril prochain, sera taxée par une seule & même taxe avec les anciens droits du Sceau & de la Signature, & partagée, sçavoir l'augmentation sur le Sceau en trois cent quatre-vingt-onze parts, ainsi qu'il s'est pratiqué jusqu'à present, & celle de la signature entre lesdits Officiers de nôtre Grande Chancellerie, & nos trois cent quarante Conseillers Secretaires, qui doivent y avoir part suivant les Reglemens & Arrests sur ce intervenus.

XII.

XII.

Défendons à tous Juges de nôtre Royaume, tant en Païs Coûtumier, que de Droit-Ecrit, d'admettre aucun particulier aux Benefices d'âge ou d'Inventaire, qu'il ne leur soit apparu de nos Lettres dûëment scellées en nôtre Grande Chancellerie, ou en celles établies prés nos Cours de Parlement, conformément à nos Edits & Declarations des 18. Juillet 1657. 15. Février 1667. Avril 1672. Janvier 1673. Mars 1692. Decembre 1697. & Arrests de nôtre Conseil des 4. Juin & 13. Aoust 1703. & sous les peines y portées.

Défenses aux Juges d'admettre aux benefices d'âge ou d'inventaire, sans Lettres de Châcellerie.

XIII.

Confirmons en-tant que besoin est ou seroit l'établissement de la bourse commune de l'honoraire, porté par nôtre Edit du mois de Decembre 1697. Voulons que les droits d'honoraire de nos Conseillers Secretaires & Officiers de nôtre Grande Chancellerie demeurent fixez, sçavoir, pour les Provisions, Commissions pour exercer Offices, Lettres d'honneur, Remissions, Pardons, Rappels de Ban & de Galeres, & autres Lettres de grace, aux deux tiers des Droits du Sceau; & ceux des autres Lettres & Expeditions de la Grande Chancellerie, de quelque nature qu'elles puissent estre, à la moitié desdits droits de Sceau, qui seront reglez par le Tarif qui sera arresté en nôtre Conseil.

Augmentation de l'honoraire à proportion des droits du Sceau.

XIV.

Et comme l'augmentation du Sceau ordonnée

Gages de 3000 l. qui seront por-

tez dans le fonds de la bourse commune de l'honoraire, & partage de lad. bourse commune.

par le present Edit, & qui sera reglée par le Tarif, ne dedommagera pas les Officiers de nôtre Grande Chancellerie & nos trois cent Conseillers Secretaires, de la part que nous attribuons aux quarante nouveaux Offices creez par le present Edit, dans les droits de la bourse commune d'honoraire, lesquels seront reglez a proportion des droits du Sceau : Nous ordonnons que des quatre mil livres restantes des cent soixante mil livres de gages fixes attribuez a nosdits trois cent quarante Conseillers Secretaires, il leur en sera payé chacune année trois mil livres pour trois quartiers effectifs sur le même fonds des autres gages attribuez par le present Edit ; lesquelles trois mil livres effectifs, seront reçûës à commencer du premier Mars de la presente année, par le Payeur des gages de la Compagnie de nosdits Conseillers Secretaires, qui les remettra au Tresorier particulier de ladite Compagnie, dont les Quitances seront passées & alloüées sans difficulté à la Chambre des Comptes, & par tout ailleurs, pour estre lesdites trois mil livres employées dans le fonds de la bourse commune d'honoraire, & partagées entre les Officiers de nôtre Grande Chancellerie, & nos trois cent quarante Conseillers, qui doivent y avoir part.

XV.

Les Secretaires du Roi suprimez en 1697. qui rentreront dans les 40. nouvelles Charges pouront

Voulons que ceux de nos Conseillers Secretaires suprimez en 1697. qui rentreront dans les quarante Offices créez par le present Edit, puissent joindre le temps de leurs services, qui a precedé leurs ſupreſſions, avec celui qu'ils feront y étant rentrez, pour remplir les vingt années de ſervice neceſſaires pour obtenir des Lettres d'honneur, ſans que l'interruption de leurs ſervices puiſſe leur nuire ni préjudicier, dont en-tant que beſoin eſt, nous les avons relevez & relevons par le preſent Edit, pour joüir eux, leurs Veuves & enfans, des privileges attribuez auſdits Offices.

joindre leurs premiers ſervices à ceux qu'ils rendront dans les nouvelles Charges, pour obtenir des Lettres d'hōneur.

XVI.

Pour prevenir tous les pretextes de donner atteinte aux privileges & exemptions de nos Conſeillers-Secretaires, Nous avons par nôtre preſent Edit confirmé & confirmons en-tant que beſoin eſt ou ſeroit, tous les privileges generalement quelconques, qui leurs ont été accordez par les Rois nos predeceſſeurs, & par Nous, nonobſtant tous Edits, Declarations & Arreſts de nôtre Conſeil contraires auſdits Privileges & Exemptions, leſquels nous n'entendons nuire ni préjudicier à nos Secretaires, & auſquels nous avons expreſſément dérogé & dérogeons par le preſent Edit.

Confirmation generale de tous les privileges & exemptions, nonobſtant tous Edits, Declarations & Arreſts contraires auſdits privileges.

XVII.

Et ſans déroger à cette confirmation generale, laquelle ne pourra paſſer pour nouvelle conceſſion, Nous ordonnons que conformément à nos Edits & Declarations, & des Rois nos Predeceſſeurs, nos Conſeillers-Secretaires de nôtre Grande Chancellerie ſeront exempts de toutes taxes, Octrois, Tarifs, Subventions, Charges de Ville, Emprunts, Dons

Exempts de toutes taxes, octrois, Tarifs, ſubventions, emprunts, dons gratuits, taxes de confirmations, Charges de Villes, & generalement de toutes

impositions, encore qu'elles soiët faites sur les exemts & non exemts, privilegiez & non privilegiez.

gratuits, & taxes de confirmations, encore qu'elles fussent imposées pour acquiter les dettes des Villes, & subvenir à d'autres besoins, & même pour le remboursement de finance d'Offices suprimez ou droits réunis ausdites Villes, & generalement de toute sorte de Taxes & Impositions, encore que par les Edits, Declarations, & Arrests qui permettent aux Villes de lever & imposer ces Droits, il soit porté qu'ils seront payez par les exempts & non exempts, privilegiez & non privilegiez, sous lesquels termes & autres semblables, quelque generaux qu'ils soient, & sous quelques pretextes que ce soit, Nous declarons ne point comprendre nosdits Conseillers-Secretaires.

XVIII.

Permis de faire valoir par leurs mains une Ferme de quatre Charuës.

Voulons que nosdits Conseillers Secretaires puissent exploiter & faire valoir par leurs mains une seule Ferme, dont le labour n'excede pas la valeur de quatre Charuës, encore que les heritages qui la composent soient scituez en differentes Paroisses, conformément à nôtre Edit du mois d'Octobre 1701. & Declaration du 30. Decembre suivant.

XIX.

Nobles de quatre races & capables de tous les Ordres de Chevalerie du Royaume.

Pour continuer à nos Conseillers Secretaires les marques de la protection singuliere dont nous les avons toûjours honorez, & de l'estime que nous faisons de leur Noblesse, qui est necessairement attachée à la dignité des fonctions qu'ils font auprés de Nous & de nôtre Chancelier, en confirmant la grace que Charles VIII. leur a fait par ſes Lettres Patentes du mois de Février 1484. Voulons que noſdits trois cent quarante Conſeillers-Secretaires ſoient reputez nobles de quatre races, & capables de tous les Ordres de Chevalerie de nôtre Royaume.

XX.

Voulons que nos trois cent quarante Conſeillers Secretaires ne puiſſent être inquietez pour avoir pris la qualité d'Ecuyers avant d'avoir été pourvûs de leurs Offices, ni recherchez pour le droits de franc-fiefs pour les joüiſſances anterieures à leur reception dans leſdits Offices, conformément aux Arreſts de nôtre Conſeil des quatorze Juin 1694. douze Juillet 1695 & vingt-un Juin 1699 dont entant que beſoin eſt ou ſeroit nous confirmons les diſpoſitions.

Déchargez de la recherche pour avoir pris la qualité d'Ecuyers, avant d'être revêtus de leurs Offices, & des droits de francs-fiefs pour les joüiſſances anterieures à leurs receptions dans leſdits Offices.

XXI.

Ordonnons que noſdits trois cent quarante Conſeillers-Secretaires, joüiront conformément à leurs privileges de l'exemption de tous profits de fiefs, quints, requints, droits de lods & ventes, reliefs, treiziéme, rachats, échanges, & autres droits Seigneuriaux & feodeaux, de quelque nature qu'ils ſoient, tant en achetant, vendant, qu'autrement, même dans le cas d'échanges dans l'étenduë de nos Domaines, & dans les Lieux & Coûtumes où leſdits droits d'échange n'avoient pas lieu auparavant les Edits des mois de Mai 1645. Mars 1673. & Février 1674. ſoit qu'ils ſoient regis par nos Fermiers,

Exemption de tous profits de fiefs, quints, requints, droits de lods & ventes, reliefs, treiziémes, rachats, échanges & autres droits Seigneuriaux & feodaux, tant en achetant, vendant, qu'autrement, même dans les cas d'échange dans l'étenduë des Domaines de Sa Maje-

ſté, regis par ſes Fermiers, alienez, échangez, ou donnez en appanage, ſans diſtinction du tems de la création deſdits Conſeillers Secretaires de Sa Majeſté.

alienez, échangez, ou donnez en appanage, encore que leſdites alienations, engagemens ou appanages ſoient anterieurs à la creation de noſdits trois cent quarante Conſeillers-Secretaires, attendu qu'ils ne font qu'un ſeul Corps & College.

XXII.

Exemption de tous droits de Greffes, de Contrôlle & Scel des Actes & Contrats qui les concernent, & de tous droits domaniaux generalement quelconques, Aides, Voyrie, Jaugeage, Courtage, Poids le Roi, Peage, Paſſage, Barrage & autres de même nature.

Voulons que noſdits trois cent quarante Conſeillers Secretaires joüiſſent auſſi ſans diſtinction du temps de leurs creations, de l'exemption des droits de Greffes, de Contrôlle de dépens & de ſcel, pour les Jugemens, Actes & Contrats qui les concernent, de quelque nature que ſoient leſdits droits, ſans qu'ils puiſſent être exigez, ſous pretexte de droits de ſignature, expeditions ou enregiſtremens, anciennement ou nouvellement établis, ou qui le ſeront à l'avenir, & de tous autres droits Domaniaux, generalement quelconques, comme droits d'Aides, Voyrie, Jaugeage, Courtage, Poids le Roi, Peage, Paſſage, Barrage, & autres de même nature, pour toutes les denrées de leur crû, ou pour les proviſions de leurs Maiſons & autres choſes à eux appartenantes, en donnant un Certificat aux Officiers ou Commis qui percevront leſdits droits, ſoit qu'ils ſe levent à nôtre profit, ou qu'ils ayent été par nous affermez, alienez ou attribuez à des Officiers, Villes ou Communautez, & ce nonobſtant tous Arreſts à ce contraires.

XXIII.

Attribution du Grand Con-

Confirmons pareillement noſdits trois cent quarante Conseillers Secretaires dans leur attribution au Grand Conseil de toutes les Contestations qui surviendront pour raison de leurs privileges & exemptions de quelque nature qu'elles soient, & en-tant que besoin est, nous avons évoqué à Nous & à nôtre Conseil, toutes les Contestations nées & à naître au sujet desdits privileges, & les avons renvoyées & renvoyons à nôtre Grand Conseil, pour les juger suivant nos Edits, Declarations & Arrests de nôtre Conseil, encore qu'il s'agisse des droits de nos Domaines engagez ou regis par nos Fermiers, & de tous autres droits à Nous appartenans. SI DONNONS EN MANDEMENT à nos amez & feaux Conseillers les Gens tenans nôtre Cour de Parlement, Chambre des Comptes & Cour des Aydes à Paris, que le present Edit ils ayent à faire lire, publier & registrer, & le contenu en icelui garder & observer selon sa forme & teneur, cessant & faisant cesser tous troubles & empêchemens, nonobstant tous Edits, Declarations, Reglemens & autres choses à ce contraires, ausquelles Nous avons dérogé & dérogeons par le present Edit, aux copies collationnées duquel par l'un de nos amez & feaux Conseillers Secretaires Voulons que foi soit ajoûtée comme à l'Original: CAR tel est nôtre plaisir; & afin que ce soit chose ferme & stable à toûjours, Nous y avons fait mettre nôtre Scel. DONNE' à Versailles au mois de Mars, l'an de grace mil sept cent quatre ; & de nôtre Regne le soixante-uniéme. Signé, LOUIS. *Et plus bas*, Par le Roi, PHELYPEAUX. *Visa*, PHELYPEAUX. Vû au Conseil, CHAMILLART. Et

seil de toutes les contestatiõs nées & à naître au sujet de leurs privileges, encore qu'il s'agisse des droits des Domaines de SA Majesté, engagez ou regis par ses Fermiers, & de tous autres droits à elle appartenans.

ſcellé du grand Sceau de cire verte, en lacs de ſoye rouge & verte

Regiſtrées, oüy, & ce requerant le Procureur General du Roy, pour eſtre executées ſelon leur forme & teneur, & copies collationnées envoyées aux Bailliages & Senéchauſſées du Reſſort, pour y eſtre lûës, publiées & regiſtrées ; Enjoint aux Subſtituts du Procureur General du Roy d'y tenir la main, & d'en certifier la Cour dans un mois, ſuivant l'Arreſt de ce jour. A Paris en Parlement le deuxiéme Avril mil ſept cent quatre. Signé, DONGOIS.

Regiſtré en la Chambre des Comptes, Ouy & ce requerant le Procureur General du Roy, pour eſtre executé ſelon ſa forme & teneur, les Bureaux aſſemblez, le douziéme Avril 1704. Signé, RICHER.

Regiſtrées en la Cour des Aydes, oüy & ce requerant le Procureur General du Roy, pour eſtre executées ſelon leur forme & teneur, & ordonné que Copies collationnées des preſentes Lettres en ſeront inceſſamment envoyées és Sieges des Elections du Reſſort de la Cour, pour y eſtre lûës, publiées & regiſtrées l'Audience tenante. Enjoint aux Subſtituts dudit Procureur General d'y tenir la main, & de certifier la Cour de leurs diligences au mois. A Paris, les Chambres aſſemblées, le vingt-ſix Avril mil ſept cent quatre. Signé, ROBERT.

DECLARATION DU ROY.

Portant que les Officiers de la grande Chancellerie joüiront de tous les privileges, droits & exemptions mentionnez en l'Edit du mois de Mars 1704.

Lûë & publiée le Sceau tenant, à Verſailles le 6. Avril 1704.

LOUIS par la grace de Dieu, Roy de France & de Navarre : A tous ceux qui ces Preſentes verront, SALUT. Par nôtre Edit du mois de Mars dernier, portant creation de quarante Offices de nos Conſeillers-Secretaires, Maiſon, Couronne de France & de nos Finances, pour compoſer avec les trois cent qui ſont déja pourvûs, le nombre de trois cent quarante nos Conſeillers-Secretaires en un ſeul Corps & College, aux gages & droits y mentionnez, Nous aurions entr'autres choſes ordonné que noſdits trois cent quarante Conſeillers-Secretaires joüiroient de tous les privileges qui leur ont été ci-devant accordez, encore qu'ils ne fuſſent ſpecialement exprimez par ledit Edit ; & Nous avons même ſpecifié qu'ils ſeroient exemts de toutes taxes, octrois, tarifs, ſubventions, charges de Ville, emprunts, dons gratuits & taxes de confirmations, encore qu'elles fuſſent impoſées pour acquitter les dettes des Villes, & ſubvenir à d'autres beſoins, & même pour le rembourſement de la finance d'Offices ſupprimez, ou droits réunis auſdites Villes, & generalement de toutes ſortes de taxes & impoſitions, encore que par les Edits, Declarations & Arreſts, qui permettent aux Villes de lever & impoſer ces droits, il fût porté qu'ils ſeront payez par les exempts & non exempts, privilegiez & non privilegiez, ſous leſquels termes & autres ſemblables, quelque generaux qu'ils fuſſent, & ſous quelque pretexte que ce ſoit, Nous aurions declaré ne point comprendre noſdits Conſeillers-Secretaires. Qu'ils pourroient exploiter & faire valoir par leurs mains une ſeule Ferme dont le labour n'excederoit pas la valeur de quatre charruës, encore que les heritages qui la composeroient fuſſent ſituez en differentes Paroiſſes, conformément à nôtre Edit du mois d'Octobre mil ſept cent un, & Declaration du trentiéme Decembre ſuivant. Qu'ils ſeroient reputez nobles de quatre races, & capables de tous les Ordres de Chevalerie de nôtre Royaume, ſuivant qu'il leur avoit été octroyé par les Lettres Patentes du Roi Charles VIII. du mois de Fevrier mil quatre cent quatre-vingt-quatre, & par pluſieurs autres Edits & Declarations. Qu'ils ne pourroient être inquietez pour avoir pris la qualité d'Ecuyer avant d'avoir été pourvûs de leurs Offices, ni recherchez pour les droits de Franc-fiefs, pour les joüiſſances anterieures à leur reception dans leſdits Offices, conformément aux Arreſts de nôtre Conſeil des quatorze Juin mil ſix cent quatre-vingt-quatorze, douze Juillet mil ſix cent quatre-vingt-quinze, & vingt-uniéme Juin mil ſix cent quatre-vingt-dix-neuf. Qu'en conformité de leurs privileges, ils joüiroient de l'exemption de tous profits de fiefs, quints, requints, droits de lods & ventes, reliefs, rachats, treiziémes, échanges & autres droits Seigneuriaux & feodaux, de quelque nature qu'ils fuſſent, tant en achetant & vendant, qu'autrement, même dans le cas des échanges dans l'étenduë de nos domaines, & dans les lieux & Coûtumes où leſdits droits d'échanges n'avoient pas lieu auparavant nos Edits des mois de May mil ſix cent quarante-cinq, Mars mil ſix cent ſoixante-treize, & Fevrier mil ſix cent ſoixante-quatorze, ſoit qu'ils fuſſent regis par nos Fermiers, alienez, échangez ou donnez en appanage, encore que leſdites alienations, engagemens ou appanages fuſſent anterieurs à la creation de leurs Offices, ſans diſtinction de laquelle creation ils joüiroient de l'exemption des droits de Greffes, de Contrôlle de dépens, & de ſcel pour les Jugemens & Actes qui les concernent, de quelque nature que ſoient leſdits droits, ſans qu'ils puſſent être exigez ſous quelque pretexte que ce ſoitde droits de ſignature, expedition ou enregiſtrement anciennement ou nouvellement établis, ou qui le ſeroient à l'avenir, & de tous autres droits domaniaux generalement quelconques, comme droits d'Aydes, Voyrie, Jeaugeage, Courtage, Poids le Roy, Peage, Paſſage, Barrage, & autres de pareille nature pour toutes les denrées de leur crû, ou pour les proviſions de leurs maiſons, & autres choſes à eux appartenantes, en donnant un Certificat aux Officiers ou Commis qui percevroient leſdits droits, ſoit qu'ils ſe levaſſent à nôtre profit, ou qu'ils euſſent été par Nous affermez, alienez ou attribuez à des Officiers, Villes ou Communautez, nonobſtant tous Arreſts à ce contraires; & en outre confirmé noſdits trois cent quarante Conſeillers-Secretaires dans leur attribution au Grand Conſeil de toutes les conteſtations qui ſurviendroient pour raiſon de leurs privileges & exemptions de quelque nature qu'elles fuſſent, & évoqué à Nous & à nôtre Conſeil toutes les conteſtations nées & à naître au ſujet deſdits privileges, & icelles renvoyées en nôtredit Grand Conſeil, pour y être jugées ſuivant nos Edits, Declarations & Arreſts de nôtre Conſeil, encore qu'il s'agît des droits de nôtre Domaine, engagez ou regis par nos Fermiers, & de tous autres droits à Nous appartenans; & d'autant que dans nôtredit Edit, il n'eſt pas fait mention de nos amez & feaux Conſeillers-Secretaires, Maiſon, Couronne de France & de nos Finances, Officiers de nôtre Grande Chancellerie pour la joüiſſance deſdits privileges, deſquels Nous n'avons pas lieu d'être moins contens que de noſdits trois cent quarante Conſeillers-Secretaires, ayans toûjours contribué à proportion de leurs Offices, aux ſecours dont Nous avons eu beſoin, & deſirant en toutes occaſions leur donner des marques de la ſatisfaction que nous avons de leurs ſervices, & que l'obmiſſion qui a été faite dans le ſuſdit Edit, ne leur puiſſe préjudicier, d'autant plus que leurs privileges ne different en rien de ceux de noſdits trois cent quarante Conſeillers Secretaires, & voulant les y confirmer. A CES CAUSES & autres à ce Nous mouvans, & de nôtre certaine ſcience, pleine puiſſance & autorité Royale, Nous avons declaré, ſtatué & ordonné, & par ces Preſentes ſignées de nôtre main, declarons, ſtatuons & ordonnons, Voulons & Nous plaît, que noſdits Conſeillers-Secretaires, Maiſon, Couronne de France & de nos Finances, Officiers de nôtre Grande Chancellerie, joüiſſent de tous les privileges, droits & exemptions ſuſdits, plus au long mentionnez audit Edit, & autres nos Declarations & Arreſts de nôtre Conſeil ſur ce intervenus, nonobſtant qu'ils n'y ſoient ſpecialement nommez, dans la poſſeſſion & joüiſſance deſquels, de nos mêmes puiſſance & autorité que deſſus, Nous les avons en-tant que beſoin eſt ou ſeroit, maintenus, gardez & confirmez, maintenons, gardons & confirmons par ceſdites Preſentes. SI DONNONS EN MANDEMENT à nôtre tres-cher & feal Chevalier, Chancelier de France, Commandeur de nos Ordres, le Sieur Phelypeaux de Pontchartrain, que ces Preſentes il faſſe lire & publier, le Sceau tenant, & regiſtrer és Regiſtres de l'Audience de France, & icelles faſſe garder & obſerver de point en point, ſelon leur forme & teneur. Voulons qu'aux Copies des Presentes dûëment collationnées par l'un de nos amez & feaux Conseillers-Secretaires, foi soit ajoûtée comme à l'Original : CAR tel est nôtre plaisir; en témoin de quoi Nous avons fait mettre nôtre Scel à ces Presentes. DONNE' à Versailles le sixiéme jour d'Avril, l'an de Grace mil sept cent quatre, & de nôtre Regne le soixante-uniéme. Signé, LOUIS. *Et plus bas*, Par le Roy, PHELYPEAUX. Et scellée du grand Sceau de cire jaune, sur double queuë.

Lûë & publiée, le Sceau tenant à Versailles, de l'Ordonnance de Monseigneur Phelypeaux Comte de Pontchartrain, Chevalier, Chancelier de France, Commandeur des Ordres de sa Majesté; & registrée és Registres de l'Audience de France, par Nous Conseiller du Roy en ses Conseils, Grand Audiencier de France, le 6. *jour d'Avril* 1704 Signé, PAJOT.

La même Declaration a été adressée & enregistrée audit Parlement, au Grand Conseil, & à la Cour des Aydes, suivant les Arrests y rendus, sçavoir audit Parlement le 11 *Avril* 1704. Signé, DE HODENCQ. *Audit Grand Conseil le* 16. *Avril* 1704. Signé, SOUFFLOT. *Et à ladite Cour des Aydes le* 27. *dudit mois d'Avril* 1704. Signé, ROBERT.

EDIT DU ROY,

PORTANT SUPPRESSION de Cinquante Offices de Conseillers-Secretaires de Sa Majesté, Maison, Couronne de France & de ses Finances, avec attributions de Gages, d'Augmentations de Gages, & autres Droits aux trois cent reservez.

Donné à Versailles au mois de Decembre 1697.

LOUIS par la grace de Dieu, Roy de France & de Navarre : A tous presens & à venir, Salut. Nos Conseillers-Secretaires, Maison, Couronne de France, & de nos Finances, forment une des plus illustres Compagnies de nostre Royaume ; leur Ministere les attache prés de nôtre Personne ; ils reçoivent de nôtre main les Lettres de Grace & de Justice, pour les distribuer à nos Sujets suivant nos Ordres, & nous donnons à leur témoignage & à leur signature un caractere de confiance qui assure le repos & la fortune des Familles. Ils ont aussi cette marque de distinction qui leur a esté attribuée par les Ordonnances des Rois nos Predecesseurs & de Nous, que nous sommes les Chefs perpetuels de leur Compagnie, prenant la premiere bourse ordinaire comme leur Souverain & Protecteur, Prerogatives d'honneur toutes ſingulieres à cette Compagnie, illuſtrée d'ailleurs de tant de Privileges, qu'elle a eſté conſiderée dans tous les temps comme une retraite glorieuſe & une recompenſe de la vertu. Mais comme dans les beſoins de la Guerre & d'une plus prompte expedition de nos Lettres de Chancellerie, nous avons augmenté le nombre de nos Conſeillers-Secretaires, de cent dix nouveaux Officiers, par nos Edits de 1691. & 1694. Ce qui pourroit en diminuer la dignité & apporter quelque relâchement au bon ordre & à la diſcipline qui doivent eſtre obſervez dans des fonctions ſi diſtinguées & ſi neceſſaires au Public. Et voulant conſerver & maintenir les marques d'honneur qui ſont attachées à leurs Charges, en rendre encore le prix plus conſiderable par l'augmentation de leur revenu, & empêcher les abus qui s'introduiſent preſque toûjours dans une Compagnie trop nombreuſe ; Nous avons reſolu de la diminuer & de faire faire un Reglement dans noſtre Grande Chancellerie, pour empêcher que les fonctions de nos Conſeillers-Secretaires ne ſoient à l'avenir alterées ni avilies par des Commis & Solliciteurs. Dans cette vûë l'on nous auroit propoſé de reduire le nombre de noſdits Conſeillers-Secretaires à deux cent, d'en ſupprimer cent cinquante, & d'en créer ſoixante nouveaux pour les Provinces, ou pour diſtribuer à ceux des ſupprimez qui n'auroient pas encore acquis le temps de vingt années, pour joüir des Droits & Privileges attribuez à leurs Offices. Mais noſdits Conſeillers-Secretaires nous ayant representé que la supression de cent cinquante Offices de leur Corps pourroit causer la ruïne de plusieurs familles, & que la creation de soixante nouveaux apporteroit le trouble & le desordre, auquel nous avons voulu remedier par nostre Edit du mois d'Avril 1672. portant réünion de tous les Colleges : Nous avons bien voulu avoir égard à leurs tres-humbles remontrances ; & au lieu de supprimer cent cinquante de leurs Offices, Nous nous sommes contentez de n'en supprimer que cinquante, & de ne pas créer lesdits soixante pour les Provinces ; aux offres que nosdits Conseillers-Secretaires nous ont faites de fournir les fonds necessaires pour rembourser les cinquante suprimez, & même de nous aider encore d'une somme considerable pour le besoin de nos affaires, en leur attribuant des gages, augmentations de gages, & autres droits proportionnez à la finance qu'il nous ont offerte ; mettant d'ailleurs en consideration les bons & agreables services qu'ils nous ont rendu dans tous les tems, n'y ayant point d'Officiers dans nôtre Royaume qui nous ayent donné plus de marques de leur zele & de leur affection pour nôtre service, & notamment dans les dernieres Guerres que nous avons été obligez de soûtenir pour la gloire de nôtre Etat, à l'occasion desquelles ils nous ont aidé de sommes considerables, qui nous ont été d'un tres-grand secours, & dont nous leur en avons marqué personnellement nôtre satisfaction particuliere. A CES CAUSES, & autres à ce Nous mouvans, & de nôtre certaine science, pleine puissance & autorité Royale.

PREMIEREMENT.

Suppreſſion de cinquante, & le nombre fixé à trois cent.

Nous avons par le preſent Edit perpetuel & irrevocable éteint & ſupprimé, éteignons & ſupprimons cinquante de nos Conſeillers Secretaires, Maiſon, Couronne de France & de nos Finances, pour à l'avenir le nombre en être fixé à celui de trois cent, pour ſervir prés de Nous, & dans nos Conſeils, en nôtre grande Chancellerie, & dans nos Cours & Compagnies Superieures, ſans que ſous quelque pretexte, raiſon ni neceſſité, le nombre en puiſſe être augmenté ni diminué.

II.

Les Supprimez rembourſez comptant ſur le pied de cinquante-cinq mille livres chacun.

Ordonnons que les cinquante Secretaires ſupprimez par le preſent Edit, ſeront rembourſez comptant par le Garde de nôtre Treſor Royal de la finance de leurs Offices, ſur le pied de cinquante-cinq mil livres chacun, en rapportant par eux leurs Lettres de Proviſions, Quittances de Finances & autres Pieces, ſans qu'il ſoit beſoin d'autre liquidation que celle fixée par le preſent Edit, & Quittance ſur ce neceſſaire; le fonds deſquels rembourſemens ſera aſſigné ſur les deniers qui doivent être fournis par les trois cent reſervez.

III.

Faculté aux Supprimez de diſpoſer de leurs augmentations de gages.

Laiſſons aux Supprimez la faculté de joüir & de diſpoſer des augmentations de gages qu'ils ont acquis, comme ne faiſant point partie du Corps de leurs Offices.

IV.

I V.

Et à l'égard de nos trois cent Conſeillers-Secretaires reſervez, Nous leur avons par le preſent Edit attribué & attribuons à chacun ſix cent livres de gages fixes, outre & pardeſſus les ſeize cent livres d'anciens gages, à prendre ſur la Ferme de nos Gabelles, dont ils ſeront payez de trois quartiers montant à quatre cent cinquante livres d'actuel, outre & pardeſſus les douze cent livres qui leur étoient ci-devant payez, & ce ſans aucun retranchement, pour quelque cauſe, & ſous quelque prétexte que ce puiſſe être, dont le fonds ſera laiſſé chacune année dans les Etats de ladite Ferme, à commencer du premier Janvier prochain, leſquels leur ſeront payez en la maniere accoûtumée, ſans que pour raiſon de ladite augmentation nos Conſeillers-Secretaires qui ſeront reſervez, ſoient tenus de nous payer aucun nouveau droit de ſurvivance, lequel demeurera pour toûjours fixé à la ſomme de quinze cent livres.

Attribution aux Reſervez de 450. livres de gages fixes actuels.

V.

Attribuons en outre à chacun de noſdits trois cent Conſeillers-Secretaires reſervez, quatre cent ſoixante-ſix livres treize ſols quatre deniers d'augmentation de gages hereditaires, dont ils ſeront payez de trois quartiers montans à trois cent cinquante livres, à prendre pareillement ſur nôtre Ferme Generale des Gabelles, à joüir auſſi dudit jour premier Janvier prochain.

Trois cent cinquante livres d'augmentation de gages actuels.

V I.

Les Reservez choisis par le Roi, & conservez dans leur rang du jour de leur reception.

Et comme nous voulons que ladite Compagnie ne soit remplie que de personnes capables & de probité connuë, Nous nous sommes reservez la faculté de choisir dans le nombre de trois cent cinquante, dont elle est presentement composée, celui de trois cent que nous entendons reserver, dont l'Etat sera par Nous arresté ; lesquels conserveront leur rang du jour de leur reception, & partageront entr'eux la Bourse commune de tous les émolumens du Sceau, droit de Signature, & autres qui étoient cy-devant partagez entre les trois cent cinquante, tant en nôtre grande Chancellerie, que celle prés de nôtre Parlement de Paris, & autres Cours de nôtre Royaume.

V I I.

Fixation des droits de l'honoraire, dont moitié entrera en Bourse cõmune, & l'autre moitié à l'Officier.

Et pour faire cesser les plaintes & les abus qui se commettent journellement par aucuns de nosdits Conseillers-Secretaires & par des Commis & Sollíciteurs sur les expeditions des Lettres & droits d'icelles appellez les honoraires, Nous voulons qu'à l'avenir ils soient fixez pour toûjours ; Sçavoir ceux pour les Provisions, Remissions, Pardons, Rapels de Ban & de Galeres, & autres Lettres de Grace, aux deux tiers des droits du Sceau, & ceux des autres Lettres & Expeditions de la Grande Chancellerie, de quelque nature qu'elles puissent être, à la moitié des droits du Sceau ; lesquels droits d'Expedition seront partagez par moitié ; sçavoir, moitié au profit particulier de ceux qui auront expedié lesdites Lettres, & l'autre moitié mise en Bourse commune, pour être partagée également entre tous nosdits Officiers.

VIII.

Laissant au surplus à la discipline de la Compagnie de nosdits trois cent Conseillers Secretaires, la forme de l'établissement de ladite Bourse commune, & de faire à cet effet par nosdits Conseillers Secretaires, de l'avis de nôtre tres-cher & feal Chevalier Chancelier de France, tous Reglemens & Statuts qu'ils aviseront; lesquels Nous avons dés-à-present, comme dés-lors agreé, ratifié & confirmé.

La forme de l'établissement de la Bourse commune laissée à la discipline de la Compagnie des trois cent Conseillers Secretaires du Roi.

IX.

Et seront les Lettres & Expeditions scellées à l'Ordinaire, & aprés avoir été controllées, remises entre les mains du Tresorier du Sceau, lequel sera tenu de remettre és mains des Tresoriers des Expeditions créez par le present Edit, le montant des droits desdites Expeditions, au Sceau suivant.

Le montant des droits de l'honoraire seront remis par le Tresorier du Sceau, au Tresorier du droit des Expeditions le Sceau suivant.

X.

Ne seront à l'avenir délivrées aucunes Lettres gratis, qu'à ceux qui ont droit de joüir de l'exemption des droits du Sceau.

Ne sera délivré aucunes Lettres gratis, *qu'à ceux qui ont droit.*

XI.

Et d'autant que la reduction du nombre de nosdits Conseillers Secretaires, augmente le revenu, valeur, & consideration desdits Offices, tant par les

Finance payée par les Secretaires du Roi, pour joüir des gages, augmentations de gages, & autres droits portez par l'Edit.

Gages que Nous leur attribuons par nôtre present Edit, que par les droits des cinquante Bourses du Sceau des Secretaires supprimez, qui leur accroissent, & par ceux des Expeditions attribuez par le present Edit : Voulons que ceux de nos Conseillers Secretaires, qui seront par nous choisis & reservez, soient tenus de nous payer sur les Quittances du Tresorier de nos Revenus Casuels, en deux payemens égaux ; le premier dans le mois de Janvier prochain ; & le second dans le mois de Fevrier aussi prochain, la somme de dix-neuf mil cent soixante-six livres treize sols quatre deniers chacun, tant pour les Gages fixes, & augmentations de Gages à eux attribuez par nôtre present Edit, que pour l'accroissement des Bourses des cinquante supprimez, droit d'Expedition des Lettres mis en Bourse commune, & finance des deux Offices de Tresoriers de ladite Bourse, dont sera arresté un Rolle en nôtre Conseil, laquelle somme tiendra lieu d'Augmentation de Finance à nosdits Conseillers Secretaires reservez, qui demeurera fixée à celle de soixante dix mil livres pour le Corps de leurs Offices, non compris leurs Augmentations de Gages, dont nosdits Conseillers Secretaires pourront disposer en general ou en particulier, & les vendre à telles personnes qu'ils aviseront.

Fixation de la Finance.

XII.

Partage des Bours. du Sceau comme par le passé.

Voulons que les trois cent cinquante Bourses qui se partagent presentement dans nôtre grande Chancellerie entre nos Conseillers Secretaires, soit partagée à gée à l'avenir entre nos trois cent Conseillers Secretaires reservez, & nos Conseillers Secretaires Tresoriers des Expeditions, & que la Bourse qui nous appartient, comme Chef Souverain & Protecteur de nosdits Conseillers Secretaires, & celle de nôtre Chancelier & Garde des Sceaux, ayent le même accroissement.

XIII.

Les Officiers du Sceau taxez, pour joüir chacun d'une Bourse de l'honoraire.

Joüiront les Grands Audienciers, Controlleurs Generaux, Gardes des Rolles & Tresoriers des emolumens du Sceau, de leur droit de Bourse commune du Sceau comme par le passé, sans qu'ils puissent prétendre aucun accroissement à leurs Bourses, qui seront toûjours levées sur le pied de trois cent quatre-vingt-dix, ainsi qu'elles l'étoient avant nôtre present Edit, attendu qu'ils ne contribuënt point à l'acquisition des cinquante Bourses des Secretaires supprimez, & payeront lesdits grands Audienciers, Controlleurs, Gardes des Rolles, Tresoriers, & Conservateurs des hypoteques, pour une Bourse qu'ils auront chacun seulement dans celles des Expeditions, les sommes pour lesquelles ils seront employez dans un Rolle qui sera arresté en nôtre Conseil.

XIV.

Creation de deux Tresoriers de la Bourse commune de l'honoraire, & le partage fait par les Syndic & Of-

Et comme pour recevoir les droits d'Expeditions des Lettres scellées en nôtre grande Chancellerie, que nous avons reglez & fixez par nôtre present Edit, il est necessaire d'établir un Tresorier pour recevoir le payement du droit des Expeditions, afin *ficiers de la Compagnie des Secretaires du Roi.*

d'en composer la Bourse Commune, pour être partagée entre nosdits Conseillers-Secretaires & autres Officiers du Sceau; de la même autorité que dessus, Nous avons par nôtre present Edit creé & érigé, créons & érigeons en titre d'Offices formez, deux Offices de nos Conseillers Secretaires Tresoriers de la Bourse Commune des Expeditions, Ancien & Alternatif, ausquels nous unissons les Triennaux & Quatriennaux, que nous créons à cet effet; pour par nosdits Conseillers-Secretaires Tresoriers, recevoir dans leurs exercices tout ce qui proviendra du droit des Expeditions, & en consequence être composée une Bourse Commune, & le partage en être fait par les Procureurs Sindics, & Officiers de la Compagnie de nosdits Conseillers Secretaires, huitaine aprés l'écheance de chacun quartier, & plûtôt, si faire se peut, & ce en presence des Officiers de la grande Chancellerie dudit quartier, pour l'interêt des parts personnelles, au nombre de dix-sept qu'ils ont en ladite Bourse.

X V.

Attribution de gages aux Tresoriers de la Boursecommune.

Ausquels deux nos Conseillers Secretaires Tresoriers, nous attribuons la somme de quatre mil livres de Gages effectifs, à partager entr'eux par chacun quartier, faisant pour chacun d'eux, huit mil livres par an d'actuel, à prendre sur la Bourse Commune des Expeditions, & deux minots de sel de Franc-salé, sans qu'ils puissent jamais prétendre ni demander plus que les quatre mil livres par quartier, à quelques sommes qué leur maniment pût monter, & outre ce une Bourse dans les émolumens du Sceau, & une dans celles des Expeditions dans chacune année de leur exercice.

XVI.

Lesquels Offices de Tresoriers, avec les Gages & droits y attribuez, nous avons uni & incorporé, unissons & incorporons au Corps & College de nosdits trois cent Conseillers-Secretaires, pour être lesdits Offices exercez par ceux d'entr'eux qui seront par eux commis, lesquels rendront compte desdits droits audit College, sans qu'ils soient tenus d'en rendre aucun à la Chambre des Comptes ni ailleurs, ni tenus de prendre pour le present, ni pour l'avenir aucunes Lettres de Provision, Confirmation, Ratification, ni prêter autre serment que celui qu'ils ont fait en qualité de nos Conseillers-Secretaires, & sans que lesdits Offices puissent en aucun cas être reputez vacans pour quelque cause & occasion que ce puisse être, tant que lesdits Offices demeureront unis & incorporez audit College, laissant neanmoins à nosdits Conseillers-Secretaires la liberté de disposer desdites Charges de Tresoriers, ainsi qu'ils aviseront bon être; auquel cas nous voulons & entendons qu'il y soit par nous pourvû sur la nomination de nôtredit Chevalier Chancelier de France.

Union des Offices de Tresoriers au Corps de la Compagnie des trois cent Secretaires du Roi.

XVII.

Joüiront lesdits Tresoriers des Expeditions nouvellement créez, des mêmes droits, honneurs, en-

Privileges & prérogatives des Offices de Treso-

riers de la Bourse commune.

trées, privileges, facultez, exemptions, droits de signature & de survivance, que nos Conseillers-Secretaires & Tresoriers du Sceau, & de tous les privileges, droits, honneurs, attributions, facultez & exemptions à eux accordées par tous les anciens Edits, Déclarations, Arrêts & Reglemens des Rois nos predecesseurs & de Nous, que nous avons confirmez & confirmons; voulons qu'ils soient tenus pour inserez dans nôtre present Edit, comme s'ils y étoient specifiquement exprimez, & sans que la presente confirmation puisse passer pour nouvelle concession, sans aucune distinction de création, avec défenses à toutes personnes de les y troubler sous les peines portées par les precedens Edits & Déclarations.

XVIII.

Privilege à ceux qui prêteront leurs deniers.

Voulons que ceux qui prêteront leurs deniers pour payer la Finance ordonnée par le present Edit, ayent privilege special sur les Offices de nos Conseillers-Secretaires, même par preference à tous autres creanciers, à l'exception seulement de ceux qui se trouveront avoir prêté pour acquerir cy-devant lesdits Offices.

XIX.

Les droits de l'honoraire ne pourront être saisis sous quelque prétexte que ce soit.

Ne pourront les droits de Bourse des Expeditions des Lettres de nôtre grande Chancellerie, attribuez à nosdits Conseillers Secretaires, être saisis pour quelque cause & sous quelque pretexte que ce soit, ainsi que leurs droits de Bourse du Sceau, comme

comme étant destinez pour leur subsistance & entretien, & étant Commenceaux de nôtre maison; & en cas qu'il en soit fait, nous leur en faisons dés-à-present pleine & entiere main-levée & délivrance pure & simple, & en déchargeons le Tresorier de la Bourse des Expeditions, & tous autres qu'il appartiendra.

XX.

Confirmation des Privileges, Droits & Taxations des Payeurs.

Et comme l'augmentation des Gages de nos Conseillers-Secretaires augmentera le maniement des Payeurs & leurs taxations, ordonnons qu'ils nous payeront les sommes pour lesquelles ils seront employez dans un Rôle que nous ferons arrêter en nôtre Conseil, au moyen de quoi nous les confirmons dans tous leurs privileges, droits & taxations de six deniers pour livre de tout leur maniement.

XXI.

Assignation du fonds des gages & augmentations de gages sur le Grenier de Paris.

Voulons que le fonds des gages & augmentations de gages de nos Conseillers-Secretaires soient assignez sur le Grenier à Sel de Paris, & qu'ils soient remis ausdits Payeurs par l'Adjudicataire de nos Gabelles dans les temps & ainsi que sont remis ceux de nos Officiers des Cours Superieurs à leurs Payeurs.

XXII.

Aucun ne sera reçû au benefice d'âge & d'inventaire sans Lettres du Sceau même ceux des

Confirmons les transactions faites és années 1672. & 1673. entre nosdits Conseillers Secretaires, & nos autres Conseillers Secretaires Audienciers & Contrôleurs des Chancelleries établies prés nos Cours

Païs de Droit Ecrit.

Superieures ; & pour leur ôter tout pretexte de plaintes, faisons défenses à tous Juges, même à ceux des Païs de Droit Ecrit, d'admettre aux benefices d'âge ou d'inventaire, sans qu'au préalable les parties ayent pris des Lettres dans les Chancelleries, nonobstant toutes Coûtumes, Arrêts & Usages contraires, à peine de cinq cent livres d'amende contre le Juge qui aura rendu la Sentence, & de nullité d'icelle.

XXIII.

Confirmation de tous Edits & Declarations.

Voulons au surplus que les Edits, Declarations, Arrêts & Reglemens intervenus sur le fait de nos Chancelleries, & nôtre Edit & Declaration du mois d'Avril 1672. soient executez selon leur forme & teneur, en ce qui n'est point contraire à nôtre present Edit.

XXIV.

Si donnons en Mandement à nos amez & feaux Conseillers les Gens tenans nôtre Cour de Parlement, Chambre des Comptes & Cour des Aydes à Paris, que nôtre present Edit ils fassent lire, publier & registrer, pour être executé selon sa forme & teneur, nonobstant tous Edits, Declarations, Reglemens, & autres choses à ce contraires, ausquels Nous avons dérogé & dérogeons par ledit present Edit: Car tel est nôtre plaisir. Et afin que ce soit chose ferme & stable à toujours, Nous y avons fait mettre nôtre Scel. Donne' à Versailles au mois de Decembre, l'an de grace mil six cent quatre-vingt-dix-ſept ; & de nôtre Regne le cinquante-cinquiéme. Signé, LOUIS : *Et plus bas*, Par le Roy, PHELYPEAUX. *Viſa*, BOUCHERAT. Et ſcellé du grand Sceau de cire verte.

Regiſtré, oüy, & ce requerant le Procureur General du Roy, pour être executé ſelon ſa forme & teneur, ſuivant l'Arreſt de ce jour. A Paris en Parlement le 18. *Janvier* 1698. Signé, DU TILLET.

EDIT DU ROY,

PORTANT CREATION de soixante Offices de Secretaires du Roy.

Donné à Versailles au mois de May. 1691.

LOUIS par la grace de Dieu Roi de France & de Navarre : A tous presens & à venir ; Salut. Par nôtre Edit du mois d'Avril 1672. Nous aurions reduit le nombre de nos Conseillers & Secretaires à deux cent quarante ; mais comme ces Offices sont remplis de plusieurs personnes qui n'en font point l'exercice, joüissent seulement des gages, droits & privileges y attribuez, & demeurent la plûpart dans les Provinces, en sorte qu'il n'est pas suffisant pour rendre le service prés la personne de nôtre tres-cher & feal Chevalier Chancelier & Garde des Sceaux de France, en nos grandes & petites Chancelleries, & prés nos Cours, ce qui consume les Parties en de grands frais, par le retardement des Expeditions ; Nous avons resolu d'augmenter le nombre desdits Secretaires de soixante ; pour avec les deux cent quarante reservez en 1672. faire un Corps & College de trois cent ; & par cette augmentation d'Officiers soulager le public, lui donnant les moyens d'avoir plus prompte expedition, & en même tems de tirer un ſecours conſiderable des deniers qui proviendront de la vente deſdits Offices pour les dépenſes de la Guerre. A CES CAUSES, & autres à ce nous mouvans, de nôtre certaine ſcience, pleine puiſſance & autorité Royale, Nous avons par nôtre preſent Edit perpetuel & irrevocable créé, érigé & établi, créons, érigeons & établiſſons en titre d'Offices formez, ſoixante nos Conſeillers Secretaires de Nous, de la Maiſon & Couronne de France & de nos Finances, leſquels Nous joignons & uniſſons aux deux cent quarante nos Conſeillers & Secretaires reſervez par nôtre Edit du mois d'Avril 1672. pour compoſer enſemble un Corps & College de trois cent nos Conſeillers & Secretaires, pour jouir par leſdits ſoixante Conſeillers & Secretaires, & leurs Succeſſeurs auſdits Offices, des honneurs, franchiſes, immunitez, prerogatives, privileges de nobleſſe, preéminences, rangs, fonctions & exercices, entrées en nos grandes & petites Chancelleries, aſſiſtances au Sceau des Lettres, & controlle d'icelles, droits de Committimus & de Franc-ſalé, & generalement de tous les privileges, exemptions & avantages dont joüiſſent leſdits deux cent quarante nos Conſeillers & Secretaires, quoiqu'il ne ſoient ici particulierement exprimez : Avons octroyé & accordé auſdits ſoixante nos Conſeillers & Secretaires le droit de ſurvivance, tant pour eux que pour les premiers Reſignataires, ſans pour ce Nous payer aucune finance, & ſans que les premiers pourvûs deſdits Offices ſoient tenus de nous payer aucun droit de Marc d'or, dont Nous les avons déchargé, mais seulement dans leur Compagnie, ainsi qu'il s'est toûjours pratiqué; pour lequel neanmoins ils ne payeront pour cette premiere fois que la somme de trois cent livres, & la moitié de ce qu'ils ont accoûtumé de payer, tant à l'Hôpital General, qu'aux Enfans-Trouvez. A chacun desquels soixante Conseillers & Secretaires, Nous avons attribué & attribuons seize cent livres de Gages à prendre sur la Ferme Generale des Gabelles, dont ils seront actuellement payez de trois quartiers sans aucun retranchement, pour quelques causes & sous quelque pretexte que ce puisse être; & dont le fonds sera laissé chacune année dans les Etats de ladite Ferme; pour en joüir par ceux qui seront pourvûs desdits Offices avant le premier Octobre prochain, du premier Janvier dernier, & par les autres du jour du controlle de leurs Quittances de finance: Et pour rendre les droits de bourse égaux entre lesdits trois cent Conseillers & Secretaires, Voulons qu'il soit fait une augmentation de quatre sols pour livre sur toutes les Lettres qui se scelleront en nos grandes & petites Chancelleries, ensemble un sol pour livre sur le Marc d'or, de tous les Offices, pour être reçû conjointement avec les quatre sols qui ont été ci-devant alienez tant aux Officiers de nôtre grande Chancellerie, qu'aux deux cent quarante nos Secretaires; laquelle augmentation sera taxée conjointement avec les anciens droits du Sceau, & commune entre lesdits trois cent Conseillers & Secretaires, & Officiers de nôtre grande Chancellerie, pour être partagée & distribuée entr'eux tous, avec les anciens droits du Sceau, suivant & conformément à nôtre Edit du mois d'Avril 1672. sans qu'il soient obligez de donner leurs Servivi, ni à aucune residence, dont Nous les avons dispensé & dispensons. Et en consequence de la presente Création, Nous avons par nôtre present Edit confirmé & confirmons tous les privileges generalement quelconques à nosdits Officiers & Secretaires. SI DONNONS EN MANDEMENT à nos amez & feaux Conseillers les Gens tenans nôtre Cour de Parlement, Chambre des Comptes, & Cour des Aydes à Paris, que le present Edit ils ayent à faire lire, publier & registrer, & le contenu en icelui executer selon sa forme & teneur : CAR tel est nôtre plaisir. Et afin que ce soit chose ferme & stable à toûjours, Nous avons fait mettre nôtre Scel à cesdites Presentes. DONNE' à Versailles au mois de May l'an de grace 1691. & de nôtre Regne le quarante-neuviéme. Signé, LOUIS. *Visa*, BOUCHERAT; Et sur le replis, Par le Roi, PHELYPEAUX, & scellé du grand Sceau de cire verte.

Registré, oüy, & ce requerant le Procureur General du Roy, pour être executé selon sa forme & teneur, & Copies collationnées envoyées aux Sieges, Bailliages & Senéchaussées du Ressort, pour y être pareillement registrées. Enjoint aux Substituts du Procureur General du Roy d'y tenir la main, & d'en certifier la Cour dans un mois, suivant l'Arrest de ce jour. A Paris en Parlement, le 13. Juin 1691. Signé, DU TILLET.

DECLARATION DU ROY.

EN INTERPRETATION DE L'EDIT du mois de May dernier, portant Création de Soixante Conseillers-Secretaires du Roy, Maison Couronne de France & de ses Finances.

Donnée à Versailles le 30. Juin 1691.

LOUIS par la grace de Dieu, Roy de France & de Navarre : A tous ceux qui ces presentes Lettres verront, SALUT. Nos Conseillers & Secretaires, Maison, Couronne de France & de nos Finances, du College des Deux cent quarante, Nous ayant proposé de se charger de la finance des Soixante Offices de nos Conseillers & Secretaires créez par nôtre Edit du mois de May dernier, pour composer ensemble un Corps & College de trois cent, & Nous ayant representé que quoi qu'il soit porté par ledit Edit, que ceux qui seroient pourvûs desdits Offices de nouvelle création, joüiroient des mêmes gages & droits que les anciens, & que nôtre intention ait été de rendre les droits de bourse égaux entre tous nosdits Conseillers & Secretaires ; Nous aurions neanmoins ordonné par notredit Edit, qu'il ne seroit fait qu'une augmentation de 4. sols pour livre sur toutes les Lettres qui seroient scellées, tant en nos grandes que petites Chancellerieries, ce qui ne peut être qu'un erreur, les 4. sols pour livre sur les droits du Sceau n'étant pas suffisans pour faire le cinquiéme desdits droits par proportion à l'augmentation des Soixante Offices nouvellement créez, & qu'au lieu desdits 4. sols pour livre, l'augmentation devoit être du Parisis, ou quart en sus desdits droits : Et nosdits Conseillers & Secretaires Nous ayant encore representé que la survivance accordée aux premiers Resignataires des nouveaux pourvûs sans nous payer aucune finance, pouvoit leur être d'un préjudice considerable pour la vente & le debit de leurs Charges, ils Nous auroient supplié de la reduire aux premiers pourvûs. A CES CAUSES, voulant favorablement traiter nosdits Conseillers & Secretaires, & leur donner des marques de la satisfaction que nous avons des services qu'ils nous ont rendus, & nous rendent en toutes occasions ; de l'avis de nôtre Conseil, de nôtre certaine science, pleine puissance & autorité Royale, nous avons par ces Presentes signées de nôtre main, dit, declaré & ordonné, disons, déclarons & ordonnons, voulons & nous voulons ce qui ensuit.

ARTICLE I.

Que conformément à nôtredit Edit du mois de May dernier, ceux qui seront pourvûs des soixanre Offices de nouvelle creation, joüiſſent des mêmes gages & droits que nos deux cent quarante Conſeillers & Secretaires, & que les droits de bourſe ſoient égaux entre tous noſdits Conſeillers-Secretaires ; à l'effet de quoi voulons en interpretant nôtredit Edit, qu'au lieu des quatre ſols pour livre ordonnez être levez ſur toutes les Lettres de nos grandes & petites Chancelleries, il ſoit pris & levé le pariſis ou quart en ſus deſdits droits, à commencer du premier Juillet prochain.

II.

Que ledit pariſis ou quart en ſus des droits du Sceau ſoit levé pour la grande Chancellerie, ſuivant le Tarif arrêté en nôtre Conſeil le 17. Novembre 1674. & pour les droits des Chancelleries prés nos Cours & Preſidiaux, ſuivant les Tarifs arrêtez & attachez ſous le Contre-ſcel de nôtre Declaration du 24 Avril 1672.

III.

Que nos Secretaires & Officiers des mhancelleries prés nos Cours, les Corps & Communautez avec leſquels il a été fait des alienations ou abonnemens pour les droits du Sceau, payeront és mains du Treſorier du Sceau de la grande Chancellerie, l'augmentation dudit pariſis ou quart en ſus ſur le pied & à proportion des ſommes qu'ils ſont obligez de payer par chacun an, ſuivant le traité fait avec eux le 15. Decembre 1672. ſans que pour raiſon de ce, ils puiſſent donner aucune atteinte audit traité, ny demander de compte de Clerc à Maître desdits droits, pour quelque cause & sous quelque pretexte que ce soit.

IV.

Que l'attribution du cinquiéme sol pour livre sur le Marc d'Or, porté par l'Edit de creation dudit mois de May, commencera aussi dudit jour premier Juillet prochain.

V.

Que la Compagnie de nosdits deux cent quarante Conseillers & Secretaires, comme subrogée aux acquereurs des soixante Offices de nouvelle creation, joüira des gages attribuez ausdits Offices du premier Janvier de la presente année 1691.

VI.

Qu'il sera permis à nosdits deux cent quarante Conseillers & Secretaires, de vendre lesdits soixante Offices pour tel prix & à telles conditions qu'ils aviseront bon être, sans être tenus de compter de la finance desdits Offices ny de la plus valuë d'iceux en nôtre Conseil, à la Chambre des Comptes ny ailleurs, dont nous les avons déchargez & déchargeons, leur faisant entant que besoin seroit, & pour aucunes bonnes considerations, don & remise de ladite plus valuë, & excedant de finance à quelque somme qu'elle puisse monter, pour raison de quoi ils ne pourront être recherchez ny inquietez en aucune sorte & maniere que ce soit.

VII.

Voulons qu'il n'y ait que les premiers pourvûs des nouvelles Charges, qui joüissent de la survivance accordée par nôtredit Edit, sans nous payer aucune finance, & non leurs premiers resignataires, quoi qu'il soit ainsi porté par ledit Edit, lesquels nouveaux pourvûs seront reçûs & instalez en la Compagnie en la maniere & aux droits accoûtumez, nonobstant ce qui est porté par nôtredit Edit à cet égard.

VIII.

Voulons en outre que la Compagnie de nosdits deux cent quarante Conseillers & Secretaires joüisse des gages & droits des Offices qui ne seront point remplis sur les simples quittances du Tresorier particulier de ladite Compagnie, lesquelles passeront à la Chambre dans les comptes des Payeurs sans difficulté, & ce tant & si longuement que lesdits Offices demeureront en la possession de ladite Compagnie.

IX.

Pourra ladite Compagnie de nosdits deux cent quarante Conseillers & Secretaires, reünir à son Corps toutesfois & quantes qu'elle le jugera à propos pour son utilité & avantage, le titre, gages & droits des Offices qui ne seront point remplis ou qui n'auront point été vendus, à l'effet de quoi toutes Lettres particulieres, si besoin est, seront accordées.

X.

Auquel cas, voulons pour la seureté de ceux qui auront prêté leurs deniers à ladite Compagnie pour faire l'acquisition desdits Offices, que leur Privilege subsiste sur les Offices qui seront unis & incorporez, & qu'il soit acquis sur la simple declaration inserée dans leurs Contrats, nonobstant qu'il n'en soit fait aucune mention dans les quittances de finance. SI DONNONS EN MANDEMENT à nos amez & feaux Conseillers les Gens tenans nôtre Cour de Parlement, Chambre des Comptes & Cour des Aydes à Paris, que ces Presentes ils ayent à faire lire, publier & registrer, & le contenu en icelles executer selon leur forme & teneur: CAR tel est nôtre plaisir; en témoin de quoi Nous avons fait mettre nôtre Scel à cesdites Presentes. Donné à Versailles le trentiéme jour du mois de Juin, l'an de grace mil six cent quatre-vingt-onze, & de nôtre Regne le quarante-neuviéme. Signé, LOUIS; *Et plus bas*, Par le Roy, PHELYPEAUX.

Registrées, oüi & ce requerant le Procureur General du Roi, pour être executées selon leur forme & teneur, suivant l'Arrest de ce jour. A Paris en Parlement le septiéme Juillet 1691. Signé, DU TILLET.

Registrées en la Chambre des Comptes, oüi & ce requerant le Procureur General du Roy, pour être executées, selon leur forme & teneur, les Bureaux as-

ſemblez , *le ſeiziéme jour de Juillet* 1691. Signé ; RICHER.

Regiſtrées en la Cour des Aydes, *oüi*, *ce requerant & conſentant le Procureur General du Roy*, *pour être executées ſelon leur forme & teneur. A Paris les Chambres aſſemblées le vingtiéme Juillet* 1691. Signé, DU MOLIN.

DECLARATION DU ROY.

DONNÉE EN FAVEUR des quatre Chauffecire-Scelleurs de la Grande Chancellerie le 18. *May* 1704.

LOUIS par la grace de Dieu, Roy de France & de Navarre, à tous ceux qui ces presentes Lettres verront, SALUT. Par nôtre Edit du mois de Mars dernier, portant Creation de quarante Offices de nos Conseillers-Secretaires, Maison, Couronne de France & de nos Finances, pour composer avec les trois cent qui sont déja pourvûs, le nombre de trois cent quarante nos Conseillers-Secretaires, en un seul Corps & College, aux Gages & Droits y mentionnez. Nous aurions entr'autres choses ordonné que nosdits trois cent quarante Secretaires jouiroient de tous les Privileges qui leur ont esté cy-devant accordez, encore qu'ils ne fussent specialement exprimez par ledit Edit. Et nous aurions même specifié, &c. ***Ainsi qu'il est énoncé cy-devant dans la Declara-***

tion donnée en faveur des Officiers de la Grande Chancellerie. Et voulant confirmer dans lesdits Privileges nos amez & feaux les quatre Chauffecire-Scelleurs Hereditaires de nôtre Grande Chancellerie, tant à cause de leurs services, ancienneté de leurs Offices, & avantage de leurs fonctions, par l'honneur qu'ils ont d'approcher de Nous & de nos tres-chers & Feaux Chevaliers, Chanceliers, Gardes des Sceaux, ainsi qu'il est porté par les Lettres Patentes du Roy Charles IX. par nous confirmées au mois de Decembre 1679. A CES CAUSES & autres à ce nous mouvans, & de nôtre certaine Science, pleine puissance & autorité Royale : Nous avons declaré, statué & ordonné, & par ces Presentes signées de nostre main, declarons, statuons & ordonnons, voulons & nous plaît que nosdits quatre Chauffecire-Scelleurs Hereditaires de nostre Grande Chancellerie, jouissent de tous les Privileges, Droits, Exemptions susdits, plus au long mentionnez audit Edit, & autres nos Edits & Declarations & Arrests de nostre Conseil sur ce intervenus, nonobstant qu'ils n'y soient specialement nommez. Dans la possession & jouissance desquels, de nos mêmes puissance & autorité que dessus, Nous les avons en-tant que besoin est ou seroit, maintenus, gardez & confirmez, maintenons, gardons & confirmons par cesdites Presentes. SI DONNONS EN MANDEMENT à nos amez & feaux Conseillers les Gens tenans nos Cours de Parlement à Paris, que ces Presentes ils ayent à faire registrer, & du contenu en icelles, jouir & user nosdits quatre Chauffecire-Scelleurs Hereditaires de nostre Grande Chancellerie, pleinement & paisiblement, cessant & faisant cesser tous troubles & empêchemens au contraire. Voulons qu'aux Copies des Presentes duëment collationnées par l'un de nos amez & feaux Secretaires, foy soit ajoûtée comme à l'Original : CAR tel est nostre plaisir; en temoin dequoy nous avons fait mettre nostre Scel à ces Presentes. DONNE' à Versailles le dix-huitiéme jour de May, l'an de grace mil sept cent quatre, & de nostre Regne le soixante-deuxiéme. Signé, LOUIS, *Et sur le reply*, Par le Roy, Signé, PHELYPEAUX.

Registrée au Parlement le 1704.

LISTE

DE MESSIEURS LES CONSEILLERS Secretaires du Roy, Maiſon, Couronne de France & de ſes Finances, avec leurs demeures.

Année 1704.

LE ROY.
Charles Bulteau, Doyen, *rüe Saint Denis.*
Jacques Huot, Souſdoyen, *rüe Pavée, prés Saint André.*
Charles le Febvre de Pacy, *rüe des Prouvelles.*
Michel Soufflot, *rüe des deux Ecus.*
Jean Peret, *Vieille rüe du Temple.*
Jean Bellavoine, *rüe Saint Jacques.*
Loüis Deſvieux, *Quay de l'Eſcole.*
Jean-François du Tillet, *Place Royale.*
Philippe Gourdon, *à l'Hoſtel de Guiſe.*
Edme Denis, *rüe des Saints Peres.*
Edme Guiot, *rüe Neuve des Bons Enfans.*
Michel le Petit, *rüe de Sorbonne.*
Jean Parayre, *rüe des Foſſez Montmartre.*
Eſtienne Deſchamps, *rüe des Minimes de la Place Royale.*
Emanüel-Joſeph Roujou, *rüe Chappon.*
Henry David, *rüe Saint Sauveur.*
Nicolas de Lamet, *rüe Plaſtriere, prés Saint Euſtache.*
Alexandre Fouquelin, *rüe du Four, prés Saint Euſtache.*
François Leber, *Vieille rüe du Temple.*
Jean Hardoüin, *rüe d'Enfer, Fauxbourg Saint Michel.*
Jean-Antoine Ranchin, *rüe des Petits Champs.*
Guillaume de Jaſſaud, *Quay de Bourbon.*
Jacques-George le Petit, *rüe des Foſſez de Monſieur le Prince.*
Lambert Clerx, *rüe Saint Leu Saint Gilles.*
François Mouret, *rüe du Puits.*
Honoré le Houx, *rüe de la Tiſſeranderie.*

A

Olivier Subleau, *Angers.*
Pierre de Troyes, *Blois*
Martial Borderie, *rüe Saint Loüis*, *au Marais.*
Charles-François Noblet, *rüe Saint Loüis*, *au Marais.*
Loüis de Launay d'Esterville, *rüe Beaurepair.*
Pierre Durey, *rüe des Francs Bourgeois.*
Joseph Delaistre, *rüe de Richelieu.*
Pierre Mangot, *Chinon.*
Urbain Dauchin, *Caën.*
Claude Revol, *rüe Bourtibour.*
Claude Rigoley, *Dijon.*
Charles Dufoul de Beaujour, *rüe des Prouvelles.*
Denis Chapponnel, *Quay d'Orleans*, *Isle Nostre-Dame.*
Jean Vidaud, *Limoges.*
Henry Pajot, *rüe de la Verrerie.*
Jacques Guy, *Quay de Conty.*
Didier Fontaine, *rüe Sainte Anne*, *à la butte saint Roch.*
Pierre-Eustache Richer, *rüe Saint Antoine.*
René le Comte, *rüe Saint Louis*, *au Marais.*
Pierre le Petit de Marcenou, *rüe des Mathurins.*
Antoine le Riche, *rüe des Mathurins.*
Jean-Baptiste Boyetet, *rüe de la Jussienne.*
Antoine Fontaine, *Orleans.*
André Roüillet de Beauchamps, *rüe des Rosiers*, *Fauxbourg* [*Saint Germain.*
Arnaud Souc, *Perigueux.*
Jean-Pierre Chuberé, *Cloistre Saint Germain de l'Auxerrois.*
François Yon, *Lyon.*
Pierre Faudel, *Vieille rüe du temple.*
Nicolas Petit, *rüe Neuve Saint Augustin.*
Loüis Barthelemy, *Marseille.*
Paul Mailhard de Baslorre, *rüe des Lions.*
Loüis Minet, *rüe de la Jussienne.*
Jean-Pierre Vanelle, *rüe des Fossez Montmartre.*
Loüis Pillaut, *Isle Nostre-Dame*, *Quay des Balcons.*
Jean Bernou, *Saint-Estienne.*
Beranger Philip de Ris, *rüe du Four.*
Eustache Bouret, *Mante.*
Antoine-Joseph de S. Hilaire, *rüe Saint Louis au Marais.*

Jean-Claude Grimod Beneon, *Lyon.*
François Archambault, *rüe de Torigny.*
Claude Petit, *Châlons.*
Nicolas Aubert De Chaſtillon, *rüe des Juifs.*
Pierre de Roſſet des Frettes, *rüe de la Juſſienne.*
François Monyer, *Avignon.*
Jean Goujon, *rüe Jacob.*
Jean de la Caze, *Niſmes.*
Jacques Poulletier, *rüe Couſture Sainte Catherine.*
Nicolas Damonville, *Vernon.*
Michel Carpot, *rüe des Mathurins.*
Hierôme Couſinet, *rüe Simon le Franc.*
Vincent Maynon, *rüe Porte-foin.*
Jean Romanet, *rüe du Perche.*
Nicolas Gaudion, *rüe Sainte Croix de la Bretonnerie.*
Pierre Helie, *Falaiſe.*
Guillaume Doé, *rüe des cinq Diamans.*
Jean-Baptiſte Collart, *rüe Saint Loüis, Iſle Noſtre-Dame.*
Olivier Vallée, *rüe de Grenelle, Fauxbourg Saint Germain.*
Pierre Orry, *rüe Sainte Avoye.*
Pierre Guigou, *rüe de Grenelle.*
Adrian Perrin, *Nogent.*
Pierre Rocher, *Tours.*
Barthelemy Rolland, *rüe des Foſſez Montmartre.*
Louis Moreau, *rüe de la Truenderie.*
Philippe Binet de Villiers, *rüe Saint Loüis, Iſle Noſtre-Dame.*
Noël Maucorps de Chalvrigny, *rüe de Bercy, au Marais.*
Pierre Dionis, *rüe du Plaſtre, prés la rue Sainte Avoye.*
Jean Lugat, *rüe d'Orleans, au Marais.*
Charles Boyetet, *Orleans.*
Pierre Sartre, *Montpellier.*
Lambert Rat, *Lyon.*
Pierre Marcadé, *Quay de Conty.*
Adam Vatboy, *rüe Montmartre.*
Charles Chambellain, *rüe de Richelieu.*
Paul Dujardin, *rüe des deux Portes prés Saint Jean en Greve.*
Pierre Baudoüin Cardon, *Lille*
Pierre Patu, *rüe des Singes.*

Jean Hallé, *rüe Saint Jean de Beauvais.*

Antoine Herſent, *rüe Saint Honoré.*

Pierre Anſart, *Arras.*

Antoine Heron, *la Rochelle.*

Clair Adam, *au Carrefour de la rüe de Richelieu.*

Jean Sartre, *Montpellier.*

Pierre-Claude Midy, *rüe Tranſnonain.*

Antoine Pernot, *Dijon.*

Iſaac Mouchard, *la Rochelle.*

Liberal de la Boulie, *rüe des deux Ecus.*

Pierre Legendre, *rüe Geoffroy Laſnier.*

Charles-Michel Vireau des Eſpoiſſes, *rüe du grand Chantier.*

Joſeph de Canterenne, *rüe du Petit Marais.*

Loüis-Nicolas Maillard, *rüe Poupée.*

Michel Porchery, *rüe Beaujolois.*

Paul Bellanger, *rüe du Mail.*

Loüis Lauverdy, *rüe Saint Nicaiſe.*

Nicolas Poictevin de Montegly, *rüe Haute-feuille.*

Nicolas Meſnager, *Roüen.*

Girard Billet, *rüe Beaubourg.*

Emmanuël Cheſnard, *Mâcon.*

Charles Coſſart, *Pontoiſe.*

Pierre-Adam Roland, *rüe Grenier Saint Lazare.*

Jacques Maclot, *rüe Michel le Comte.*

Daniel Tourres, *rüe Poupée.*

Philippe Picquet, *rüe Bourlabbé.*

Bernard Greſlé, *rüe Haute-feuille.*

Loüis Souart, *Tours.*

Guillaume Vallier, *rüe des Francs Bourgeois.*

André Boyer, *Quay des Theatins.*

Pierre Bady, *Maubeuge.*

Leonard Forcet, *rüe Royale, prés la Place Royale.*

Henry-Gaſton Pajot, *Quay de Conty.*

Daniel-Paul Chapuzeau de Baugé, *rüe de Clery.* [*Martin.*

Loüis-Antoine Aubrelique de Ronquerolle, *porte Saint*

Pierre de la Baune, *rüe Bertin Poirée.*

François-Pierre le Mercier, *rüe Courtauvillain.*

Thomas le Noir de Joüy, *rüe des Mathurins.*

Jacq; Phil. Heron, de la Tuilerie, *rüe Sainte Anne, butte S. Roch.*
Jean Rouviere, *Niſmes.*
François Arſon, *rüe du Cimetiere Saint Nicolas.*
Loüis Rolland, *Place des Victoires.*
Henry Lambelin, *rüe des Singes.*
Pantaleon Godot, *rüe Montmartre.*
Jean Thevenin, *rüe Neuve des Petits Champs.*
Pierre le Rat, *rüe Saint Denis.*
Jean-Pierre Chaillon, *rüe de Brac.*
Claude Accault, *rüe Michel le Comte.*
Charles Ruau du Tronchot, *rüe des Petits Champs.*
Thomas Dandreau, *rüe Bourlabé.*
Florent-Loüis de la Granche, *rüe Saint André.*
Claude Triboulleau, *Carrefour Saint Gervais.*
Jean-François Millain, *rüe Coquilliere.*
Charles Grenier, *rüe de Jouy.*
Nicolas Albert, *Mâcon.*
Jean-Baptiſte-Joſeph Berthe, *Picardie.*
Jean-François Vande, *Lyon.*
Eſtienne de Berny, *rüe Mauconſeil.*
Jacques Fermé, *rüe Sainte Croix de la Bretonnerie.*
Jean Lagau, *Cloiſtre Noſtre-Dame.*
Benigne Dujardin, *rüe des deux Portes, près la rüe de la Tiſ-* [*ſeranderie.*
Pierre Heſſein, *rüe neuve des Petits Champs.*
Loüis Lheritier, *rüe Paſtourelle.*
Rodolfe Chambon, *Marſeille.*
André Maſſé, *Sables d'Olonne.*
Jean-Baptiſte-René de Grouchy, *rüe Neuve des Petits Champs.*
Eſtienne Ledroit, *rüe Cloche-perce.*
Simon Berthelot, *rüe du Mail.*
Pierre Bory, *rüe Neuve des Petits Champs.*
Benigne Legendre, *rüe Geoffroy Laſnier.*
Jacques Foreſtier, *rüe Neuve Saint Mederic.*
Jean Sauvion, *rüe Neuve Saint Auguſtin.*
Jean-Baptiſte Lombart, *Retel.*
Pierre Teſſier de Montarcy, *cul de ſacq Saint Thomas du* [*Louvre.*
Michel Picot, *Saint-Malo.*
Paul Poiſſon de Bourvallais, *rüe des Petits Champs.*

Jean-Baptiste Jolly, *rüe des Poulies.*
Jean Durieux, *Amiens.*
Alexis Panneau, *rüe des Barres.*
François Raffy, *rüe des Petits Peres.*
Pierre Deschiens, *rüe du Mail.*
Joseph Moret, *rüe Mazarin.*
François Lefebvre d'Argencé, *rüe des Maçons.*
Jean-Christophe André, *rüe des Fossez de la Porte Saint Victor.*
Loüis-Joseph Chalmette, *rüe du Temple.*
Laurent Messageot, *Vieille rüe du Temple.*
Guillaume Bar, *rüe Beaurepair.*
Pierre Langlois, *rüe des Francs Bourgeois.*
François de la Bruyere, *rüe Barre du Bec.*
Antoine Peletier, *rüe Saint Martin.*
Jacques Asselin, *Roüen.*
Jean Buchere, *rüe Mauconseil.*
Dominique Lefoüin, *rüe des Fossez Montmartre.*
Antoine Barangue, *rüe Montmartre.*
Dagobert Anthoine, *Cloistre Nostre-Dame.*
Pierre Duprat, *rüe Poupée.*
Robert Huvinot, *Lille.*
Jacques de Genestet, *au Puy en Velay.*
François Menand du Plessis, *rüe du Mail.*
Pierre Poisson, *rüe de Guenegault.*
Claude Roux, *Valence.*
Charles Brossier, *Lyon.*
Hervé Guymont, *rüe des quatre Fils.*
Loüis Carpentier, *rüe de Clery.*
Jacques Demons, *rüe des Blancs Manteaux.*
Thomas Blanchard, *Quay des Balcons.*
Philippe Levesque, *rüe Coquilliere.*
Vincent Beausergent, *rüe Sainte Croix de la Bretonnerie.*
Jean-Loüis Arnauld, *rüe d'Anjou, au Marais.*
Jean Jourdan, *rüe Beaurepair.*
Vincent-Pierre Mignon, *rüe de la Harpe.*
Jean-Baptiste Colbert de Torcy, *rüe Vivienne.*
Jean-François de Giry, *Lyon.*
Nicolas Chuppin, *rüe Saint Martin.*

Gilles Leſpagneul, *Saumur.*
François Roüalle, *rüe Geoffroy l'Angevin.*
Jacques Boucher, *Le Mans.*
Charles Boucher, *rüe de Grenelle.* [*tits Champs.*
Hierôme Phelypeaux de Pont-Chartrain, *rüe Neuve des Pe-*
Jean Thevenin, *rüe du Hazard.*
Charles de la Condamine, *rüe de Richelieu.*
Jean Blanchard de Baneville, *rüe du Bouloy.*
Jean André de Malary, *rüe des Roziers.*
François Brunot, *rüe des Maçons.*
Charles-Nicolas Remy de Jully, *rüe du Mail.*
Eſtienne Lamolere, *rüe Coq-heron.*
Claude Boutault, *Cloiſtre Noſtre-Dame.* [*main.*
Jean-Baptiſte Renoüard, *rüe des Roziers Fauxbourg Saint Ger-*
Jacques Chauveau, *rüe de Richelieu.*
Pierre Dejean, *rüe Neuve des Petits Champs.*
Eſtienne Jaunay, *rüe Pierre Sarazin.*
Matthieu Gaultier, *rüe des Lavandieres.*
Loüis Phelypeaux de la Vrilliere, *rüe Neuve des Petits Champs.*
Pierre Rouillé, *rüe des Saints Peres.*
André Leblanc, *Champagne.*
Jean-François Vallin, *Cour du Palais.* [*Germain.*
Philbert Rullault, *rüe Saint Dominique, Fauxbourg Saint*
Nicolas Dubuc, *rüe du Mail.*
Jacques Lair, *rüe du Foin.*
Jean-Baptiſte Noyelle, *Villefranche.*
Charles Charron, *rüe de la Monoye.*
Pierre Chuppin, *rüe Sainte Marguerite, prés l'Abbaye.*
Meraud Pichon, *Lyon.*
Philippe de Monchy, *Place des Victoires.*
Pierre Bertrand, *rüe Saint Loüis, Iſle Noſtre-Dame.*
Jean-Baptiſte Langlois, *rüe de Vantadour.*
Michel Chamillart, *rüe Neuve Saint Auguſtin.*
Jean Orry, *rüe des Preſtres de Saint Paul.*
Loüis Chevalier, *rüe Neuve Saint Euſtache.*
Thomas Choderlos, *rüe des bons Enfans.*
Jean-Baptiſte Surmain, *Auxonne.*
Sebaſtien Chambon, *rüe Beaujolois.*

Claude Menel, *Provence.*
Loüis Lallemant, *rüe Michel le Comte.*
Loüis Baranjon, *rüe de l'Arbre ſec.*
Claude Raſle, *rüe neuve des Petits Champs.*
Michel Lebel, *rüe des bons Enfans.*
Paul-Eſtienne Brunet, de Rancy, *rüe Coûture Sainte Catherine.*
Loüis Adine, *rüe de Bercy.*
Pierre Rollée, *rüe de la Juſſienne.*
Philippe Langlois, *rüe Neuve Saint Euſtache.*
Michel Dolivier, *rüe des Poulies.*
André Servanteau, *Sables d'Olonne.*
Jean-Baptiſte René de Rotrou, *rüe Sainte Avoye.*
Nicolas Gaiſne, *Maine.*
Nicolas Aſſelin, *Roüen.*
Jacques Aſſelin, *Roüen.*
François Chambellain, *rüe Vivienne.*
François Martin de Pincheſne, *rüe Neuve des Bons Enfans.*
Jacques Fournier, *rüe de la Tiſſeranderie.*
Eſtienne Le Couteulx, *rüe Mauconſeil.*
Loüis Huby, *rüe des Juifs.*
Denys Rouſſeau, *rüe du Chevalier du Guet.*
Ambroiſe Beſnier, *rüe Sainte Anne.*
Charles Ycard, *rüe Saint André des Arcs.*
Jacques Charpentier d'Annery, *rüe des Foſſez Montmartre.*
Joachin Gantel-Guitton, *Marſeille.*
Nicolas Thibert, *rüe Beaubourg.*
Jean-Baptiſte Vaſſe, *rüe de la Barillerie.*
Claude Pocquet, *Iſle de l'Amerique.*
Jean-Leonard Secouſſe, *cul de ſac de la rüe de la Tiſſeranderie.*
André Lebeuf, *rüe de la Harpe.*
Charles Berthe, *Amiens.*
Antoine Paſquier, *rüe du Cloiſtre Sainte Opportune.*
Pierre Orceau, *rüe du Renard, prés Saint Mederic.*
Nicolas-Jean Geneſt de Launay, *rüe Sainte Criox de la Bretonnerie.*
Jean-Marie de Vougny, *rüe Neuve des Petits Champs.*
Jean-Baptiſte de Saint-Leger, *rüe de Richelieu.*
Jean-Antoine Bonenfant, *rüe du Plaſtre, prés Sainte Avoye.*
Claude Dubois de Moncets, *rüe des Foſſez Montmartre.*

Michel

Michel Heuslin, *rüe des quatre Fils.*
Pierre Alexandre, *rüe Sainte Apolline.*
François Sebolin, *Marseille.*
Nicolas Vitart, *rüe Mauconseil.*
Gaspard Maurellet, *Marseille.*
François Blondel, *rüe de Ventadour.*
Charles Aubin, *rüe de la Verrerie.*
Loüis-Hector de Villars, *Place Royale.*
Christophe Lalive, *rüe neuve des Petits Champs.*

www.ingramcontent.com/pod-product-compliance
Ingram Content Group UK Ltd.
Pitfield, Milton Keynes, MK11 3LW, UK
UKHW020325250726
13967UKWH00004B/1873